村上世彰

生涯投資家vs生涯漫画家
世界で一番カンタンな投資とお金の話

西原理恵子

文藝春秋

生涯投資家vs生涯漫画家

世界で一番カンタンな投資とお金の話

画　西原理恵子
装丁　野中深雪
構成　新保信長

世界で一番カンタンな投資とお金の話

生涯投資家vs生涯漫画家

目次

第1章　投資とギャンブルはどう違う？

株はギャンブルでしょう？——西原

違いますよ、投資ですよ。——村上

競馬や競輪は1000円賭けたら
　750円戻ってくる仕組みなんです。——村上

テラ銭25％は高いですね。——西原

〈1万円が100万円になる可能性が2％〉なら僕はやる。——村上

それって残りの98％はゼロになるんですよね？——西原

【その4】一番大事なのは「損切り」　42
パチンコなら「ん？　ジャラジャラ出なくなったぞ」と思ったらやめるのが損切り。——村上
私は「あんなにジャラジャラ出てたんだから、もっと出るかも」と思う。——西原
【その5】ビットコインって何？　51
コインと言っても実体はなく、ネットの中だけに存在しています。——村上
チャージした金額が勝手に上がったり下がったりするSuicaみたいなもん？——西原

第2章　親子で株を買ってみた！

【その1】日経225を買ってみた！　63
西原さんが買ったのは大暴落した日ですね。——村上
今24万円マイナス。このぐらいだったら勝ったも同然です。——西原

【その2】息子が選んだ銘柄は……？ 72
どういう理由で選んだんですか？——村上
一風堂のラーメンが大好き、スクエニも小さい頃から
ゲームでお世話になってて大好きっていうんで。——西原

【その3】みんなが負けると誰が勝つ？ 84
息子の素朴な疑問が「みんなが負けると誰が勝つの？」と。——西原
株は「みんなが負けて、みんなが勝つ」んです。——村上

【その4】もし月収30万円のサラリーマンだったら？ 92
月収30万円だったら、投資はしないで貯めますね。——村上
やっぱりそうなりますよね。とりあえず１００万円貯めるとか。——西原

【その5】投資に向く人、向かない人 98
こういう人が投資に向いてるっていうの、ありますか？——西原
数字に強い人。数字を覚えることができる人は向いています。——村上

第3章 投資をすれば世界がわかる

2カ月で100兆円が吹っ飛んだ。それはたった一人の人物のおかげです。——村上

トランプさん？——西原

株をやったことによって、息子さんはどれだけ考えましたか？——村上

ゲームばっかりやってたのが、CNNを見るようになりましたね。——西原

先進国はどこも人口減ってますよね。——西原

逆に増えてる国もあるんですよ。——村上

【その4】日本の企業を〝あるべき姿〟に　134
文藝春秋がもし上場してたら、
「即座にこの土地を売りなさい」と言います。――村上
あのだだっ広い応接室、もったいないですよね。――西原
【その5】金は天下の回りもの　141
これからどんどん自分のお金を減らしていこうと思っています。――村上
高須先生も同じこと言ってますね。――西原

第4章　お金と仲良くするために

【その1】給料が安いのは誰のせい？　155
全部が全部安いんです。誰がいけないの？　ユニクロがいけないの？――西原
でも、これは世界的な傾向なんじゃないかな。――村上

西原さんもずいぶん稼いでいるでしょう。
そのお金、どうしてるんですか？ ――村上

隠してる（笑）。 ――西原

「旦那に殴られて逃げてきた」という電話の後ろで
子供が泣いてたら、お金貸すじゃないですか。 ――西原

戻って来ないのはわかってるけど、
そこまで言うならしゃあないなと？ ――村上

東日本大震災のときはヤフーのマッチング寄付で
10億円集まりました。 ――村上

私ならそのまま持ち逃げします。 ――西原

お金に慣れる

第1章　投資とギャンブルはどう違う？

［対談収録：2018年10月5日］

ただ眺めて迷うだけ
利確も
損確も出来ません

【その1】投資エリートVS投資シロート

株はギャンブルでしょう？ ──西原

違いますよ、投資ですよ。 ──村上

西原　村上さんは小学生のときにお父さまから100万円もらって株を買ったのが最初の投資だったと、本（『生涯投資家』文藝春秋刊）に書かれてましたね。

村上　はい。小学3年生のときに大学に入るまでの小遣いを一括前払いでもらう形で、まずはサッポロビールの株を買いました。

西原　「男は黙ってサッポロビール」。

村上　父が好きで飲んでいたという理由だけで選んだんです。

西原　そっからずっと儲《もう》かりまくり？

村上　まあ、利益は出ましたね。高校生のときに同和鉱業という仕手株に投資したら、連日ストップ高。毎日20万円ずつ含み益が増えていって、株価チャートを見るのが楽しくて仕方なかったですから。

西原　村上さんは親の代から投資一家で要は、お金のオリンピック選手ですよね。卓球の張本《はりもと》（智和《ともかず》）選手も2歳からずっと卓球やって十何年かけて技を身につけて、今、心技体とも一番調子いい状態。それと一緒で、小さいときからお金の特訓を受けてたわけでしょう。

村上　そうかもしれない。高校ぐらいでオリンピックに出たみたいな感じはありますね。

西原　普通の人は温泉で卓球やってる状態なんで、いきなりオリンピックレベルの話されてもわかんないんですよ。

村上　なるほど。だから今回は、そういう人に向けてお話ししたいんです。僕は100人中の1人か2人でも、投資をしてみて「あ、これは面白い」と感じてくれる、投資の才能がある若い人に出てきてほしいと思っているので。

西原　でもやっぱり、普通の人は投資というものに対して「働かずに儲けようとして、身代つぶして笑いもん」という恐怖感があるわけですよね。

村上　そうですね。今僕は中高生に10万円あげて投資体験してみようというプロジェクトをやっていますが、親からして「投資は怖い」「やっちゃいけない」という理解をしちゃってるんです。

西原　私からしたら、投資もパチンコも同じようなイメージなんですよ。

村上　パチンコとか競馬や競輪もそうですけど、ギャンブルは基本的にマイナスになるようにできています。期待値が1を切っている。

西原　でも、株はギャンブルでしょう？

村上　違いますよ、投資ですよ。

西原　いや、信じられない。

村上　期待値についてはあとで詳しく話しますけど、僕は「お金は社会の血液で、その流れが滞ると病気になる」「お金は稼いで貯めて回して増やす」と言っています。

企業にしろ個人にしろ、一定額以上貯めこんでも意味がないぞ、と。何かに使って増やすような行動をとることが経済を活性化させると思っています。企業ならコア事業に投資する。個人なら投資も含めた資産運用で増やしながら、将来に備えるべきだと。だって、昔なら銀行に預けておけば少しずつでも増えましたけど、今みたいな金利ゼロだと、ただひたすら置いといても仕方ないでしょう。

■日経平均だけやってる人は8割方勝っている

西原　投資は人によってはあっという間にマンション買えるぐらい儲かる。私なんかがやると絶対マンション売らなきゃいけないぐらい負ける。ていうか、麻雀で本当にそのぐらい負けてるし。長いことやってるけど一回も勝ったことないですね。あと競艇とか競輪もダメ。やっぱり自分は押しと引きのバランスをとるのが、すごくヘタだと思います。ここで押してここで引くとか、ここで倍賭《か》けしてここは小賭けとかが全部ハズレ。ここが勝負時っていうのがまるでわからなくて、せっかく当たってもいらんものをいっぱい買ってるので、トータルではマイナスだったりする。

村上 どうしてそれでもやるんですか？

西原 ワンチャンあるかなって。

村上 取り返せるんじゃないかと思っちゃうんですね。

西原 そうなんです。でも、とにかく勝ったためしがない。投資でも何でも、だいたい9割方の人が負けてるのでは？

村上 いや、日経平均だけやってる人は8割方勝ってるんじゃないですかね。だって、日本の株式市場って'90年までずっと上がってて、バブル崩壊で一旦下がったけれども、そこからまたずっと上がってますから。

西原 じゃあ、負けた2割の人は何なんですか？ 何をしでかしたんですか？

村上 テンバガー（株価が10倍になる銘柄）を狙ったんじゃないですか。この株はむちゃくちゃ上がるだろう、という仕手株ばっかり好きな人がいるわけです。でも、それはやっちゃいけない。10倍になるかどうかなんて、わからないですから。

西原 バブルのときは株価がすごい上がったじゃないですか。その増えた分はどこから湧いて出たんですか？　お札をバンバカ刷ったわけじゃないですよね。

村上　企業のプライスタグ、つまり「この会社はいくらです」という値段が上がっただけです。たとえば築地《つきじ》市場——今は豊洲《とよす》ですけど、あそこでマグロのセリをやってますよね。このマグロを欲しいと思った人のなかで、一番高い値段をつけた人が買っていく。それと同じで、株式市場も売りたい人と買いたい人がいて、それで値段が決まってるだけです。

西原　すしざんまいの社長みたいな人（毎年初競《せ》りで大間の本マグロを高額で落札することで有名。2019年の豊洲市場の初競りでは3億3360万円の値を付けた）がいるとえらいことになる。

村上　マグロバブルですか（笑）。実際、バブルのときはみんなが買いたがったから、値段が上がった。「NTTの株、抽選で当たったー」「100万円で買ったのが300万円よー」みたいな時代でしたね。

西原　でも、そのあとドーンと落ちましたよね。

村上　そうですね。ただ、僕なんかは落ちてくるものを次から次へと拾うわけです。

何らかの要因で株価がドーンと下がった会社のなかにも、すごくいいものがある。たとえば、ある会社はいい技術を持っている。今は下がってるけど、この技術が花開くだろう。もしくは、ある会社は土地をムチャクチャ持ってる。経営状態が悪くなっても、土地だけで相当な価値がある、みたいなとこが出てくる。そういうものをいろいろ見極めて投資をしていくのが僕のやり方です。

村上さんに最初会った時
子供達に正しい投資を教えたいんですよ
あのー子供達にただ教えてさあやれっていっても
まず親がやってそれを見てじゃないと子供はやらないと思います
勉強しなさいってただ怒るだけみたいになっちゃう
西原さん株は？
全く
よし教えよう
こんなレベル違いのエライ先生が来たら嫌だ
生涯No.1

【その2】ギャンブルが儲からない理由

競馬や競輪は1000円賭けたら750円戻ってくる仕組みなんです。——村上

テラ銭25%は高いですね。——西原

西原　村上さんは麻雀ってやらないんですか？

村上　相当やりました。でも、やめました。なぜならば、麻雀はゼロサムゲームなんです。つまり、全体の点棒の数は決まっていて、それを取り合ってるだけ。誰かが勝てば必ず誰かが負ける。で、建前上は別にして、やっぱりみんな賭けるじゃないですか。そうすると、負けた人が怒りだす。それがつらくてやめました。時間もムダにな

りますし。
西原　村上さん、強そうですもんね。
村上　相当強かったと思います。麻雀って、どの牌《パイ》がどれぐらいの確率で出るかの積み重ねですよね。相手がこういう捨て方をしてると、これが出る可能性が高いなとわかる。捨て牌を見てれば、牌の山に何が残ってるかもだいたいわかりますよね。その繰り返しを頭の中のデータベースに入れていけばいい。
西原　そんなデータベースがあったら私、麻雀なんかしてねえよ。相手の捨て牌とか全然読めないですもん。国士（国士無双という役。普通は捨てない牌を捨てまくるのでわかりやすい）をやってることでさえもわからない（笑）。自分の手のことで精一杯。
村上　そういう人は麻雀やっちゃいけないんですよ。麻雀は、1対3の戦いですよね。人間ってやっぱりクセがあるので、相手の3人がどういう行動をするか、どういう牌を切る傾向があるか、どういう手を作りたがるか、そういうのを見ていれば、だいたいわかりますからね。
西原　私は全員に読まれてたと思う。もうね、何を切っても当たるし、いくらテンパってもアガれない。周りにいたのがものすごい強い人たちでしたから、相手を間違えてるんですけどね。座ったら負けるんですよ、銀座のクラブより全然高いんですよ。しまいには「お前とやるだけカネと時間のムダやから、時間だけでも節約したる」って、札束を投げつけたことがあります（笑）。

ああ、私は泥棒と遊んでたんだなって、10年ぐらいしてからやっと気がついた。泥棒と遊んでたら、お金がなくなるのは当たり前ですよ。一晩に何十万も負けて、「お前ら今日はこのぐらいにしといたるからな」って、泣きながら帰る。いったい何千万持っていかれたことか……。

村上　でも、それは泥棒に遊んでもらうためのペイメントですよ。そもそもギャンブルに期待値が1を超えているものはない。だから、やること自体がマイナスです。それでもギャンブルをやってる時間が幸せなのであれば、負けはその対価と考えるべきですね。

■取っても取ってもマイナスになる

西原　ボートレースは一番当たりやすいのに、あれでも負けますね。だいたい1と2を押さえときゃ当たるんですけど（ボートレースは1コース、2コースが圧倒的に強い）、ずーっとダラダラ張ってると、ずーっとダラダラ負けていく。取っても取ってもマイナスになる。

村上　そりゃそうですよ。ボートレースなんか勝てるわけないじゃないですか。期待値0・75ですよ。

西原　えーっ⁉　そんなこと言ったら競馬なんかどうなるんですか。

村上　一緒です。公営ギャンブルの期待値はまったく一緒なんです。競馬も競輪もボートレースも期待値は全部0・75。

西原　だって、ボートは6艇で競馬は16頭とかいるんですよ。馬の足なんか全部で64本とかあるし。しかも、三連《さんれん》とか張り方が難しいじゃないですか。それを当てなきゃいけないんだから、競馬のほうが難しいと思いますけど。

村上　6艇だから当てやすいとか16頭だから当てにくいとか、そういう問題じゃありません。要するにボートも競馬も競輪も、「賭け金のうちいくらを払い戻せ」というのが法律で決まっています。その比率が0・75。1000円賭けたら750円戻ってくる仕組みになってる。期待値0・75というのはそういうことです。つまり、最初から250円＝25％は天引きされているわけです。

西原　テラ銭25％は高いですね。どんな闇カジノだってそんなに取らない。

村上　めちゃくちゃ高いですよ。海外のカジノの場合、バカラやポーカーのテラ銭は1％程度です。日本もギャンブル法（正式名：特定複合観光施設区域整備法）ができて、テラ銭いくらになるかわからないけど、最終的に一番儲かるのは国です。

西原　やっぱり胴元が一番か。

村上　だから、競馬よりボートレースのほうが当てやすいんだとしたら、その分、当たったときの配当金は低くなってるはずです。どっちにしても、やればやるほどテラ銭払うことになるので、勝てるわけがない。じゃあ、なんで地方競馬場がつぶれるのか。それは逆に言うと、テラ銭の25％で施設の維持管理費や人件費のすべてをまかなわなきゃいけなくて、それ以上にお金がかかると赤字になるわけです。それで地方競馬場はつぶれていったんですよ。

西原　それだけ客が来てないってことですね。

村上　そうです。あと施設費がそれなりにかかる。

西原　高知の競馬場なんか、1万円張ったらオッズが上がります。全体の金額が小さいから、1万円でも変わっちゃう（笑）。それでも年金で暮らしてるようなじいさんが千円札握りしめて来る。

村上　宝くじも同じ。リターン率は45％ぐらいですよ。半分以上がテラ銭です。「何億当たります」って言っても、そんなの隕石に当たるより低いぐらいの確率。僕はそういうのはやってはいけないと思う。

■私は子育てでギャンブルをやめました

西原　じゃあ、村上さんは、カジノとかも行かない？

村上　カジノは行きます。カジノにはひとつだけ勝てるゲームがありますから。ブラックジャックというカードゲームは、カウンティング（場に出たカードを記憶し、どんなカードが何枚残っているかを読む手法）で勝てます。それまで出たカードが何かによって期待値が変わる。

西原　カウンティングとか期待値とか言われても、私は子供の頃からものを覚えることが大っ嫌いで。そういう場面に出会った瞬間に素通りして覚えない、という習慣を身に付けてここまでやってきた人間なんです。ほら、よくヤンキーが急に怒り出すでしょ？　わからないことを素通りしようとしてるのに、3回も聞かれたから腹立って殴った、みたいな。あんな感じなんで、数字を覚えるとか無理なんですよ。ほとんどの人はこういう感じなんじゃないかと思います。

村上　だから、そういう人はギャンブルやっちゃいけません（笑）。さっきもちょっと言いましたけど、ギャンブルというのはその時間を楽しむ娯楽ですよ。競馬にせよ競輪にせよボートにせよ、それから宝くじにせよ、ドキドキして発表の瞬間を待つのが楽しいのであって、投資とはまったく違います。遊びと割り切ってやるのはかまいませんが。西原さん、今までギャンブルでどれぐらい負けました？

西原 何千万か、もうわからないぐらい。

村上 億までは行ってない？

西原 行ってるかもしれません。30年ぐらいずっと負けてますからね。パチンコから始めて30年、何をやっても右を向いても左を見ても負けるし。だから1億ぐらい負けてるかも。本当はお金より時間のほうがもったいないんですけど。

村上 最初はパチンコだったんですね。

西原 そうですね。私が住んでた田舎では、15〜16歳ぐらいのときにパチンコが大流行して。ドキドキしながら親の財布から盗んだお金で、「ゼロ戦」とか「ボクシング」とか、当時人気だった機種に突っ込んでました。娯楽がないんで、みんなパチンコやってましたね。

村上 それで東京に来てからは麻雀ですか。

西原 美大に入ってエロ雑誌で仕事をするようになったら、何でか麻雀マンガの連載を描くことになって。連載するには麻雀しなきゃいけないから、ルールも知らないのに名だたるプロと打つことになったんです。もう坂道を転がり落ちるような毎日で。

村上 最後にやったのはいつですか？

西原 1年ぐらい前ですかね。

村上 じゃあ最近はそんなにやってないんですね。

西原 一番よかったのが妊娠と出産で、それでギャンブルをやめられたおかげで、家が建ちました。もし子供産まれてなかったら、麻雀するしタバコも吸ってたし酒も飲むでしょ。そしたら家、建ちませんでしたので。

村上 出産終わったら、またやろうとは思わなかった？

西原 いや、産んだら今度は子育てしなきゃいけないんで。子供は24時間つきっきりじゃないといけないから、タバコを吸うヒマなんかないですよ。タバコどころか寝るヒマもないですから。だから当然、バクチをするヒマもない。それで家が建ちましたんで、子供ありがとう、ギャンブルから足を洗わせてくれて（笑）。

依存症の解りやすい判定のひとつに飲酒運転してたらアル中借金してギャンブルしてたらバクチ中毒というのがあります
この場合この人達に必要なのは
道徳ではなく医療です
何やってるの?
盗んでるの
もそもそ
株が下がった腹いせに彼氏のサイフからお金を盗みました
うわー盗んでる盗んでる
これはグレーゾーンです多分
もさもっさ

【その3】すべては期待値で決まる

〈1万円が100万円になる可能性が2%なら僕はやる。〉——村上

それって残りの98%はゼロになるんですよね？——西原

西原　私は自分の〝引きの弱さ〟に自信ありますが、投資にしろギャンブルにしろ、引きの強さ弱さってあると思います？

村上　ないと思います。要するに自分の感覚だけでしょう。すべては期待値で決まります。ただし、いろんなエネルギーがあるから、やっぱり自分で「あ、調子いいぞ」と思うときは、いろんなことが成功するじゃないですか。それはあるかもしれません

が、52枚のトランプからハートのエースを引ける回数は、誰がやっても結果は一緒で、何百回もやれば期待値（52分の1）に近づいていくと僕は思ってます。ギャンブル好きな人には「そういうことじゃないんだよ、ギャンブルは」って言われるかもしれないけど、これは事実だと思いますね。

西原　負けを引きずらない？

村上　絶対引きずらない。カジノで相手がイカサマしない限りは、まあ期待値がだいたい当たりますね、長い間やってると。

西原　その期待値というのが、いまひとつわからない。

村上　たとえば1万円を投資して1万円戻ってくる可能性が100％だったら、その期待値は1。で、1万円が100万円になる可能性が1％だったら、これも期待値は1です。つまり、100倍になる可能性が100分の1ですから、計算式で言うと100×0・01＝1になります。

西原　わかりません!!

村上　つまり、期待値1では投資する意味がないんです。これがたとえば、1万円投資して100万円になる可能性が2％なら、期待値は2。それだったら僕はやります。

西原　でも、それって残りの98%はゼロになるってことですよね？

村上　はい。だから普通の人はやりたがらない。期待値が高くてもゼロになる可能性が高いと、みんな怯えますから。

西原　それはドロボーだ。私の金をとってく奴はみんなドロボーだ!!

村上　だけど、期待値2だったらやるべきです。まあ、さっきの例は極端ですが、期待値2って1万円が10万円になる可能性が20%、あるいは1万円が5万円になる可能性が40%というのと同じですよ。（次ページ図参照）

西原　それは……やってしまうかも……洗剤売るより儲かりそう。

村上　でしょう（笑）。そこで僕は、可能性2%でも100倍になるならやるんです。そっちのほうが好きです。人がやらないところでやるほうが、自分にとってチャンスがあると思ってる。ベンチャー投資って、それに近いものがあります。この50年くらい、一番利回りがいいのはベンチャー投資です。多くの場合はゼロになるけど、みんな淡い期待があるから、次のメルカリはどれかなとか考えながら投資する。しかも、メルカリならメルカリが上場したときじゃなくて、スタートアップしたときに投資を

「期待値」の考え方

100円の株が100円のままである可能性が100%のとき

$$1 \times 1 = 1$$

（1倍）（100%）（基準値）

A

株 ¥100 → 株 ¥300 になる可能性 → 10%

株 ¥100 → 株 ¥50 になる可能性 → 90%

（3×0.1）+（0.5×0.9）= **0.75**

B

株 ¥100 → 株 ¥1000 になる可能性 → 10%

株 ¥100 → 株 ¥50 になる可能性 → 90%

（10×0.1）+（0.5×0.9）= **1.45**

する超ベンチャー投資、アーリーステージが今一番儲かってます。

■資産の2割は投資に回していい

西原　でも、それは元手が多い方だからできることじゃないですか？

村上　多くても少なくても一緒です、本当は。たとえば1億円持ってる人が100万円投資するのと、100万円持ってる人が1万円投資するのは、理屈としては一緒ですよね？　その積み重ねで高い期待値のところに投資して、タネ銭を稼いでいくのが一番重要なんです。

西原　全財産突っ込めってことじゃないんですね。

村上　もちろんそうです。自分の感覚としては、資産の2割は投資に回してもいいんじゃないかと思っています。

西原　資産というのは、どこからどこまでが入りますか？

村上　たとえば、5000万円の家を持っていて、ローンが4000万円あるとすると、差し引き1000万円ですよね。預貯金が1000万円あったら、1000万＋1000万で2000万円。その2割、400万円ぐらいまでは、投資に回してもいいと思いますね。

西原　なるほど。それだったら最悪ゼロになっても、8割は残りますもんね。

村上　かく言う僕も、自分の資産の5倍ぐらい張ったことありますけどね。

西原　おっとろしい……。

村上　「これは行ける」と思ったときに勝負しないと勝てませんから。

西原　私の場合、「これは行ける」って思ったときには必ずハズす（笑）。村上さんのその謎の自信はどこから来たんですか？　経験ですか？

村上　自信というか、ある程度成功の定義みたいなものを考えて、これは今なら行けるなっていうときが2回ありました。1回目はファンドを立ち上げるとき、オリックスの宮内《みやうち》（義彦《よしひこ》）さんに「自分で1割ぐらいは出さないと格好つかないぞ」と言われて20億円借金した。2回目は、阪神電鉄をどうしても買い取りたくて、200億円借金しようとしたとき。この2回はちょっとギャンブルでしたね。期待値があっても、資産の5倍以上やるのはやっぱりギャンブルと言わざるを得ない。

西原　「投資は2割、5倍以上はギャンブル」と。いいお言葉いただきました（笑）。

村上　2割というのは、僕がファンドで投資するときのルールでもありました。ひとつの銘柄に2割までしか投資しない、と。たとえばファンドが5000億だったら1銘柄には1000億までしか入れない。それもリスクコントロールです。

西原　その理屈で、パチンコ屋で5000円持って1000円でひと勝負してる自分が見える。あかん、5回連続でスッてる自分が見える……。

■株は投資、FXはギャンブル

村上　そういえば、西原さんは青山君《あおやま》（村上氏の元部下の青山浩《ひろし》氏）と一緒にFX（外国為替証拠金取引）やってましたよね。マンガになったのを見ましたよ（『西原理恵子の太腕繁盛記　FXでガチンコ勝負！編』新潮社刊）。

西原　青山さんが「FXで儲けよう」っていうんで1000万円ポーンと入れたら3

日後にリーマンショックが来て、朝起きたら全部なくなってた。青山社長のＦＸ会社もそのままつぶれて２人で「ア〜ッ！」って。

村上　あの時期ですか。

西原　だから私みたいな素人は、一番高い、人気があるときに買って、ドーンと下がって０円になって手放すという典型的な負けるパターンで。つまり、私の耳に「みんなが儲けてるよ」って情報が入ってきて、「よっしゃ、そしたら私も」と思ったときには、もう完全にみんなが売り逃げしてるんです。

村上　ＦＸというのは実はゼロサムゲームです。売る人と買う人をマッチングしてるだけなので。たとえば1ドルを１００円で買って１１０円で売った人は10円儲かるけれども、逆に１１０円で買って１００円で売った人がいるわけです。つまり、売る人と買う人の差額、その集合体で値段を決めてるだけだから。その中で自分はどう動くかっていうゲームをしている。そういう意味では、ＦＸはギャンブルです。

西原　どうりで私が負けるわけだ（笑）。

村上　僕がたとえば将来の資金のためにドルを買う。これは実需です。実需とギャンブルは違う。実需とは何か。為替における実、それは投資と貿易です。それ以外、ほとんどないです。

西原 ということは、村上さんはＦＸはやられない？

村上 ＦＸという名のもとのギャンブルをするのではなく、たとえば10億なら10億、20億なら20億、将来ドルがいるからＦＸで買っとくか、という実需として利用することはあります。ＦＸは手数料安いんで。でも投機、すなわちギャンブルとしてやるなら、ゼロサムゲームで手数料取られるわけだから、ほとんどの人が負けます。

西原 でも、株は違うと。

村上 株は違う。その会社の経営権をみんなで分けて持ってて、その会社が良くなれば株価が上がって売れば儲かるわけですから。しかも日本のＧＤＰの7割から8割は大企業がもたらしている。つまり日本企業全体を買うということは、国全体の経済に対する投資です。そこで西原さんには、国全体の株をパッケージで買える日経２２５をおすすめしたい。この国は少子化で人口も減っていくけれども、日本企業全体はどんどんよくなっていくと僕は思う。なぜなら日本企業はもう、日本で商売してないんですよ。みんな世界で商売してます。本当によく海外に出て一生懸命やってる。だから、「村上さんに言われたから、これ持っておいて、売らずに1年後、2年後を見よう」というのが僕のおすすめです。

西原 たとえば100万円入れて、10年後にどのぐらい増えてます？　120万円ぐらいですか？

村上 いや、10年後だったらもっとでしょうね。200万ぐらいじゃないですかね。

西原 200万だったら、税金2割取られて儲けは80万で……。

村上 でも、そんなものです。それ以上を期待するなら、もっとレバレッジかけていかないと、って話で。

西原 いやいや、それは真逆に行くと朝起きた途端に「おはギャ――」ってなるから。FXやってたときはもう、毎日チャート見るのがすごいストレスで、「こんなしんどい思いするぐらいならマンガ描こう」って。私の原稿用紙って1枚5円なんですよ。それが5万円にも50万円にも化ける。なんだ、一番レバレッジ効いてるのは自分じゃないか、と気がついた。私、毎日偽札刷ってるんだって（笑）。

自分を信じて
夢をつかむ
自分を信じない
全ては期待値
世界中の
大人が
子供に
ウソ教えて
たってかぁ
うっしゃあぁあ

【その4】一番大事なのは「損切り」

パチンコなら「ん？　ジャラジャラ出なくなったぞ」と思ったらやめるのが損切り。——村上

私は「あんなにジャラジャラ出てたんだから、もっと出るかも」と思う。——西原

西原　投資と呼べるのはいくらぐらいからですか？

村上　僕は小さくてもいいと思う。10万でも20万でも自分がやれる範囲で。でも、引き際が肝心。２０１８年の初め頃、ビットコインにお金を入れた人は大勢いると思いますが、みんな現時点では討ち死にです。そういう人は、さらに行くべきかどう

か、なぜあそこで投資しちゃったんだろうか、というのを考えてほしい。「損切り」ってすごく大事です。投資家の一番の能力は損切りと言ってもいいぐらい。「これ以上やったらあかん」って普通なかなか思えなくて、ドボドボ行っちゃうんですよ。

西原　パチンコ屋さんでフィーバーして玉がジャラジャラジャラジャラ出ているときにやめられるのが、一番損切りできる人。

村上　さすがに、ジャラジャラ出てるときはやめなくていいけど、「ん？　ジャラジャラ出なくなったぞ」と思ったらやめるのが損切り。

西原　私は「あんなにジャラジャラ出てたんだから、もっと出るかも」と思うんですよ。つまり、脳内ジャラジャラの状態になる。だから、上がったらもっと上がると思って、利確（利益確定）できないんです。で、気がついたら0円になって泣く泣く損切りって、それは損切りじゃないよ、〝損確〟だよって。

村上　どのくらいまで利益が出て、落ち始めたら売る、というのをあらかじめ決めてやっている人はいて、そういう感覚は持っていてもいいかもしれない。ただ、僕はそういう投資方法はやりません。「この会社は絶対にこういう点でよくなる」ということを考えて投資するので。

西原 入れっぱなしの寝かせっぱなしみたいな？　ダメな不倫ＯＬもそう言いますよ。

村上 いえいえ、そうじゃない。僕は〝もの言う株主〟なので、お金を入れたらものを言う。

西原 バンバン電話して。

村上 電話だけじゃないです。経営者に直接会って「なぜこうなってるの？」「この問題をどうするの？」と株主は言っていいんです。今はもうあんまりやらないですけど、昔は必ずやってましたね。

西原 それは総会屋という……。

村上 違いますって！（笑）そういうふうに言う人がいたから、僕は本当にひどい目に遭ったんです。今、僕のことを総会屋と言う人はいないですよ。〝総会屋を駆逐《くちく》した村上さん〟ということに一応なってますよ。

西原 そうやってものを言うことで、企業の信用度が上がり、株価も上がって、自分も儲かるということですか？　話がおいしすぎるんですが。

村上　そうですね。それをコーポレート・ガバナンス（企業統治）と言って、要するに、特に内部留保として貯め込んでいるお金を、投資するか株主に返すか、投資するならどれぐらいの利回りを考えているのか、明確にしようよと言ってるわけです。

西原　見てるとどんな会社も60年ぐらいで何となく終わりません？　東芝とかもそうですけど、なんか不祥事でグズグズになったり、最初と全然違う会社になったり。

村上　だからこそ、岐路に立ったときにきちんと立ち止まり、何をやるのか、やめるのか、を明確にする。損切りじゃないけど、儲からない事業をやめる努力も必要なんです。２０１５年にコーポレートガバナンス・コードという教科書みたいなものができました。企業は儲けた分をちゃんと株主に返しなさいという、僕がずっと言ってたことを政府も言い出したわけです。

西原　時代がやっと俺に追いついたか、と（笑）。

村上　そこまでは言いませんけど（笑）。

■「上がり始めたら買え、下がり始めたら売れ」

西原　株でもＦＸでも買うのは誰でも簡単にできますが、自分が負けて思うのは、やっぱり撤退の仕方が一番難しいですね。どこでやめたらいいの？　みたいな。

村上　普通にお金を増やしていこうと思うなら、個別の株の場合はある一定値まで上がったら、それ以上は期待せずに売るのはひとつの方法ですね。

西原　その目標値はどのくらいですか？

村上　２割ですね、だいたい。

西原　さっきの話の投資に回していいお金も２割でしたね。２割の法則。じゃあ、下がるほうも２割？　２割下がったら売る？

村上　そこはもうひとつの投資方法があって、みんなが損して売ったあとのものを買うという選択肢もあります。僕なんかはそれです。

西原　私なんか「ここが底だ」と思って買ったらまだまだ下がって、「底って割れるのね」という名言を残したことがあります（笑）。何でしたっけ、村上さんがお父さまから教わったという名言は……。

村上　「上がり始めたら買え、下がり始めたら売れ」。これは本当に名言だと思っていますし、今でも僕の投資の基本ですね。

西原　その上がり始め、下がり始めというのがわからない。私が上がり始めたと思ったら下がり始めだったとか、下がってるから手放したらバーンと上がったりとか。村上さんは子供の頃からずっと投資を続けてきて、そういう読み間違いはないんですか？

村上　なかったですね。ほぼ全勝に近いんじゃないかな。なぜならば、そういう時代だったからですよ。持ってれば必ず上がったんです。バブルが崩壊したときも、みんなまだ持ってれば上がると思ってました、土地も株も。それがどんどん下がる一方で、まず銀行が株を含み益があるうちに売り始めた。企業も収益が悪化していろんな資産を売り始めた。需給バランスのうち供給だらけになったわけですよ。そうするともうどうしようもなくなって、不良債権抱えた会社はつぶれるし、個人で持ってた株や土地が不良債権化した人は没収されて売らされたわけですよ。

西原　行方不明になった人、命を捨ててしまった人の話をたくさん聞きました。もし自分がそうなったら、自殺するよりまず、破産宣告すると肝に銘《めい》じました。

村上　だから、「下がり始めたら売れ」なんです。でも、そのあと2000年代に入ってからまた上がり始めて、リーマンショックとかもありましたが、長期的にはずっと上がってます。ここまで上がったんだから、そろそろ下がるだろうと言う人がいるけど、僕は絶対違うと思ってます。なぜなら、コーポレートガバナンス・コードができて、企業があまりいい加減なことができなくなったから。

西原　でも今、いろんな企業の不祥事のニュース、いっぱいあるじゃないですか。

村上　だから、それが表に出る時代になったということです。今は一時的に増えていますが、膿《うみ》を出し切ったあとは、治癒《ちゆ》されるわけですよ。そうしたら、もう不祥事なんて起きない、というか起こせなくなりますよ。

西原　すぐバレるとわかっちゃったら、なかなかインチキもできないと。

村上　そうです。だから僕は、日本株自体はもっと上がると思います。そのうえで一番望むのは、日銀と年金機構がきちんとものを言ってほしいということ。だって、他人様のお金を運用してるんだから。日銀は国のお金、年金機構は将来の皆さんのお金で株を買ってるんだから、企業にもっとこうしろ、こうあるべきだと、本当は言ってほしいですね。

女の人生
働かない
男とか
不倫とか
それに使った
自分の時間と
金返せとか
株より
危険な
ものがゴロゴロ
きぃ……
ごろ ごろ
投資界のこんまり
一番
大切なのは
損切り
ときめこうが
腐ってようが
人生切り癖つけましょう
くわっ

【その5】ビットコインって何？

コインと言っても実体はなく、ネットの中だけに存在しています。——村上

チャージした金額が勝手に上がったり下がったりするSuicaみたいなもん？——西原

村上　西原さんはビットコインって興味持ちました？

西原　私の耳に「ビットコイン」というのが聞こえてきたときにはもう遅いなと。村上さんがいろんな人たちと話してて、ビットコインの「ビ」の字が出たときに買うといいんでしょうけど、私が知ってるなら、それはもうダメじゃんっていう。

村上　ビットコインが注目されて上がり始めたのは、２０１７年の初めぐらい。熱狂的に上がったピークがその年の12月で、１ビットコイン＝２３０万円台まで行った。そこからドーンと下がって今（２０１８年10月時点）、70万〜75万ぐらいの間を行ったり来たりしています。政府が規制する、コインが流出した、というようなネガティブな情報がまだ続くかもしれないけど、あれは単なる投機ではなくて決済ツールとして使えるから、持っていてもいいと思いますけどね。

西原　そもそもビットコインって何なのかが、よくわからないんですけど。

村上　いわゆる「仮想通貨」と呼ばれるもので、コインと言っても実体はなく、ネットの中だけに存在しています。２００８年にナカモトサトシさんっていう人が考えたと言われている。マイニングという作業をしている施設がノルウェーにあって、僕はそこまで見に行きました。

西原　実体がないのに工場があるんですか？　何を作ってるんですか？

村上　計算してるんです。見渡す限りコンピュータが並んでて、ウィンウィンウィンウィンって。そうすると熱が出るから、それを冷やすために寒冷地のノルウェーにあるわけです。そこで何を計算してるかというと、世界中のビットコインの取引データをきちんと帳尻が合うように検証して記録するためのデータ処理です。ビットコインは中央銀行のような管理組織がなくて、ブロックチェーンという技術を使って世界中のコンピュータが計算することで管理しているんですね。それを一番早くできた人に、報酬として新たにビットコインが発行される。ビーチフラッグみたいな感じで、ヨーイドンで速く走って旗を取った人の勝ち。その計算をマイニング（採掘）といって、それを大規模にやっているのがノルウェーの工場なんです（注：2019年1月にノルウェー政府が仮想通貨マイニング企業への電力料金優遇措置を廃止したため、隣国スウェーデンに移る企業が増えている）。

西原　計算したごほうびにビットコインがもらえる？

村上　簡単に言うと、そんな感じです。

西原　じゃあ計算してない私が儲かるハズがないのでは……。

村上　いやいや、普通に取引所でお金を出して買うこともできますから。ただ、この仕組みが面白いのは、計算した結果に応じてビットコインあげるよ、という点です。

そうするとあとは、計算能力と電力消費のせめぎ合いになるわけです。その競争が世界で起こってるわけ。そして電力の安いところに産業ができていく。

西原　1ビットコインいくらって値段が上がったり下がったりするのは、売ったり買ったりする人がいるってことですよね？

村上　はい。政府の規制が入るって聞いて、不安になって売る。流出したというニュースを見て「あ、怖い」と思って売る。そうすると下がる。でも、「やっぱりコレ、技術革新の一番いいとこだよな、将来伸びるよな」「ドルで持つよりこっちで持ってたい」と思って買うと上がる。すべてはそういう需給バランスです。

西原　チャージした金額が勝手に上がったり下がったりするＳｕｉｃａみたいなもん？「1万円入れたのに5000円になってるー！」とか。いやだな、それ（笑）。

村上　Ｓｕｉｃａは電子マネーなので仮想通貨とはちょっと違うんですが、イメージとしてはそんな感じかもしれませんね。逆に1万円入れたのが10万円、20万円になる可能性もあるわけです。ただし、ビットコインは無尽蔵に増やすことはできなくて、2140年までに2100万枚と発行総量が決められています。

■ビットコインは国境を越える

西原　なんかビットコインの親戚とか兄弟みたいなのがいっぱいあるじゃないですか。

村上　ありますね。イーサリアムとかリップルとか。

西原　あれはみんな本物なの？　「冷やし中華始めました」みたいな感じで勝手にやっていいんですか？

村上　いいんです。ある人がビットコインのルールを作った、と。それを真似して「俺もこういうルール作った」「俺も作った」っていう、いろんな類似のものが出てきた。そのなかでどれが一番使い勝手がいいか、決済ができるかっていう競争が起こってるんです。

西原　ある日突然、なくなったりしない？

村上　ある日突然、暴落することはありますね。その代わり、何十倍に高騰《こうとう》することもあります。

西原　あと、横からストローでチューッて吸っていくやつが最近いっぱいいるじゃないですか。あいつら、私のとこまで来て吸っていくの？　とか、そういう心配は……。

村上　あると思います。たとえば2018年1月のコインチェック事件では、NEM（ネム）という仮想通貨が580億円分、ハッキングにより流出しています。ただ、それはコインチェックという取引所の管理体制に隙があったからで、今後はそういうセキュリティの問題も含めての競争になっていくでしょうね。

西原　前に担当の編集さんと、ビットコインについて、「印刷代などがかからないから、ピカチュウコインとか何かキャラクターを乗っけて、お金のエンタメ化を図るといいんじゃないか」「商品はみんな買わないから、お金を新しくしちゃうのが一番よくない？」っていう話になりました。お金そのものを人に贈り合ったりする習慣をつくると面白いし、もっとみんなが利用するようになるんじゃないかって。

村上　じゃあサイバラコインつくります？

西原　原価割れするくらい値下がりします!!

村上　まあ、信用がないと流通もしないので、実際にはなかなか新規参入は難しいですけどね。一万円札がなぜ一万円の価値を持つかというと、国が保証しているから。つまり、本来であればお金って国の一番の権限なんです。アメリカであればドル、日本であれば円、ヨーロッパであればユーロを国が発行する。ビットコインの一番面白い点は、その権限を無効にすることができるというところ。だから僕、ものすごい興味持ってるんです。要するに、国境を越えちゃうわけですよね。たとえば僕がマレーシアに不動産買うから資金送るというときに、ビットコインでも決済できるようになりつつあるんです。為替の決済もビットコインだと手数料がほとんどゼロだとか。

西原　地下銀行屋さんとか運び屋さんがつぶれちゃうじゃないですか。これからもっと使えるようになるんですか？

村上　もっと使われるようになるだろうと思う人は買うし、そういう人が増えれば値段も上がる。自分の感覚で言うと、たぶん伸びると思います。1コインでもいいから買ってみませんか。

西原　わかりました。じゃあ、ビットコインと、さっきの日経551を買ってみます。

村上　551は豚まん！（笑）日経は225です。あと、せっかくだからこの機会に、お子さんにも投資を体験させてみてはどうですか？

西原　村上さんがお父さんから１００万円もらって株を買ったみたいに？

村上　そうです。お子さんはもう成人してるんでしたっけ？

西原　息子が21で娘が19です。娘は相変らず反抗期でツンツカしてるんで無理だと思いますけど、息子のほうは面白がってやるかもしれませんね。

村上　じゃあ、ぜひやってみましょう。

ビットコイン何回聞いてもリクツもわからない
「それでショーミ大根買えるの？」
見える人には見えるUFOのようなものか
とりあえず100万円ビットコイン買う
だいぶ下がったけど、まあ面白いから持っときなさい
はーい
ボクは買ってないけど
じゃっ
おい

生涯
投資家

第2章　親子で株を買ってみた!

［対談収録：2018年11月16日］

ちびる親子

【その1】日経225を買ってみた！

西原さんが買ったのは大暴落した日ですね。――村上

今24万円マイナス。このぐらいだったら勝ったも同然です。――西原

西原 村上さんに言われたとおり株を買おうとしたんですけど、まず口座を開くのが大変でした。書類の確認がどうした印鑑証明がこうしたって、何度もメールやり取りして。やっと全部がOKになったと思ったら「3日後に書類が届きます」って言われて、もう腹が立って。

村上 お店に行ったんですか？　ネットじゃなくて？

西原　まず、お店に行ったら、何を言ってるのかさっぱりわからなくて。それでアシスタントの愛ちゃんに頼んで、ネットでやってもらったんですけど、それでも書類とかいろいろ大変で……。

村上　それはお疲れさまです。

西原　不動産買うときより厳しく身元確認されました。自分の身元がとても怪しいことも再確認しました。

村上　そうでしたか（笑）。それで結局、日経225を買われたんですよね？　いくら買ったんですか？

西原　１０００万円で買えるだけ、と思ったけど、なんやかんやで買えたのは７８０万円分ぐらいですね。10月11日に買って一回ちょっと上がったけど、そのあとダーッと下がって70万マイナスぐらいまで行った。でも、またちょっと上がって、今の時点で24万円のマイナスですね。このぐらいだったら全然余裕、勝ったも同然です。「今日はこのぐらいにしといてやるわ」っていう。これなら村上さんが言われたように、10年寝かせておいても精神的には大丈夫だなと。

村上　西原さんが買った10月11日の日経平均株価を調べてみますと……ああ、大暴落した日ですね。一時1000円以上下がって、終値が前日比915円18銭安の2万2590円86銭。そこから少し下がって3％ぐらい上がって、ドドッと8％ぐらい下がって、もういっぺん戻して、また下がった感じかな。（次ページチャート参照）

西原　今、スマホで見るとマイナス3・16％となってますね。

村上　ああ、そのぐらいですか。日経平均は10月2日に2万4270円というバブル崩壊後の最高値がついて、その後1カ月で最大13％下がりました。西原さんが買われたのが最高値から7％ほど下がったときで、今が10％下がった状態ですから差し引きマイナス3％というところですね。ちなみに、生キャッシュで買いました？　それともオプションで買いました？

西原　普通に口座にお金入れて。

村上　じゃあそのままなんだ。日経225はオプション取引ができるんですよ。大きくレバレッジを効かせることができる。僕はそれが一番面白いと思いますけどね。

西原　そんなレバ効かすやつって、裏目に出たらあっという間に元がなくなるじゃな

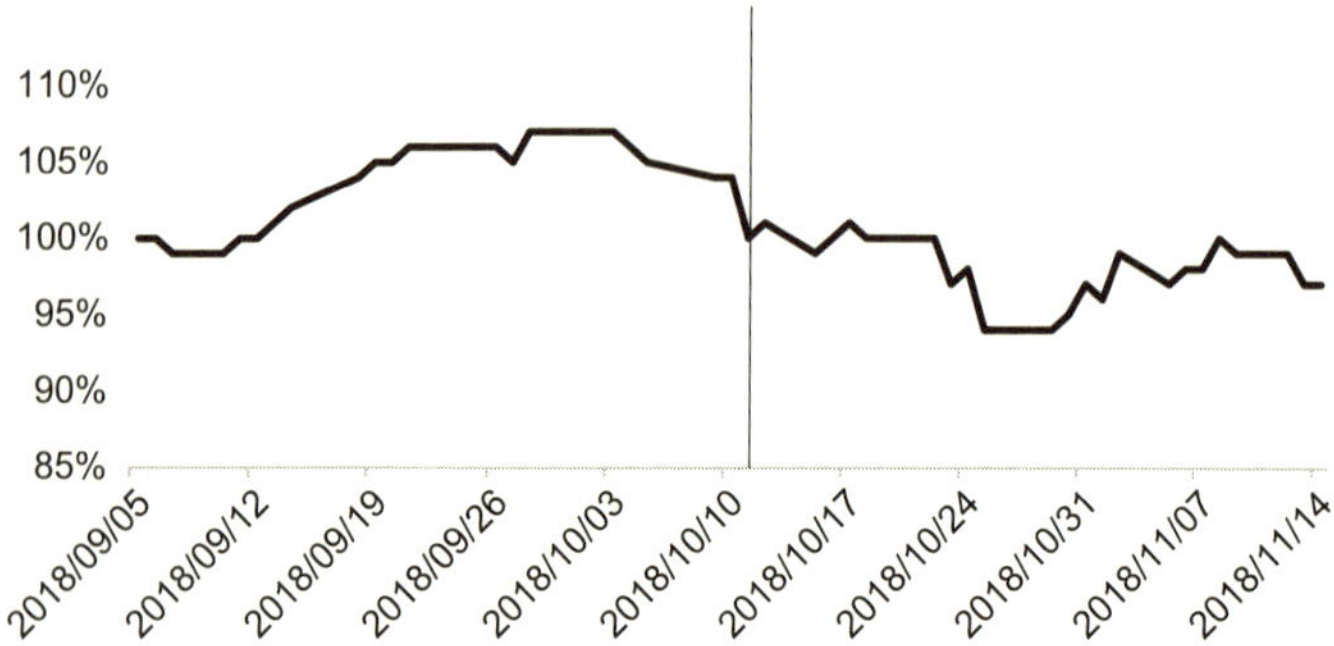

日経平均 2018/9/5~11/16

（タテ線は購入日）

いですか。私FXで、一瞬で1000万飛ばしましたから。

村上　元がなくなるってことは、倍になる可能性もあるわけですよ。100倍のレバレッジかけたら、1％上がれば倍になる。

西原　そんなの、ちょっとよそ見してる隙に1％下がってゼロになるじゃないですか。レバ100とか雪山ですよ。一瞬でも目を閉じたら終わりじゃないですか!!

村上　そこまで極端なやつじゃなくても、たとえば「ブル2倍」といって日経平均の変動率の2倍の値動きになる指数もある。つまり、日経平均が5％上がったら、10％上がるわけです。でもまあ、西原さんの場合はレバレッジかけると心配で寝られなくなりそうだから、とりあえずそのままの方が良さそうですね。

■何でこんなに下がるのか？

西原　だいたい私が買ったら下がるんですけど、今回下がった原因は何ですか？　私ですか？

村上　それは、「ファンダメンタルズ」と言って、国の経済状態を示す指標がいくつかあり、貿易収支がよかったとか悪かったとか、求人倍率が高くなってるとか低くなってるとか、いろんなことをいろんな人が言いますけど、基本は「マインド」です。今は、みんなの気持ちが、どんどんシュリンクしてる。たとえば「アメリカが中国いじめてるよな、中国いじめると貿易がダメになるかもしれんな」みたいなことで下がるんです。すべてマインドです。いろんな指標で見ると、この1カ月は基本的に世界が全部下がってます。

西原　世界が全部下がる？

村上　はい。株で見ても1カ月前から上がってる国はほとんどない。日本だけじゃなく全部下がってます。理由はやはり心理不安で、世界は悪くなるんじゃないかと、みんなが思ってしまっている。アメリカのトランプ大統領と中国の貿易戦争とか、イギリスのEU離脱問題とかがあり、その結果ドルが高くなっています。それによって発展途上国、特に中堅国のトルコとかアルゼンチンの通貨が暴落する。そこで心理不安がまた起きて……みたいな連鎖反応が起きているんです。

西原　じゃあ、トランプと習近平が仲よくすれば株も上がる？

村上　今11月16日ですけども、今月の末に場合によってはトランプが習近平と手を握るかもしれない、と。その結果によっては話がうまく進むかもしれません。なぜならば、トランプとしては中間選挙までは徹底的に相手と戦ってるポーズをとったほうが、票が入るだろうと。「貿易はアメリカ国民のためにやるんだ、アメリカファーストだよ」ということをアピールしたいわけです。ただ、あんまりやりすぎると、世界経済が悪化してアメリカ自体にも悪影響が出る可能性もあるんで、どこかで適当に手を打つんじゃないかという話もあり、僕もそう思っています（トランプ大統領と習近平国家主席は２０１８年12月1日、ブエノスアイレスで会談。その後も電話会談などを行っている）。

西原　昔「アメリカがくしゃみをすれば日本が風邪をひく」みたいなことを言われてましたけど、やっぱりアメリカは強いんですか。

村上　そうですね。さっきの話でドルが高くなってるのも、ドルへの信頼度が高いからです。もうひとつは、今、アメリカは景気がいいんですよ。それでちょっとずつ金利を上げていて、そうするとその高い金利を求めて世界中からお金が流れ込んできます。

西原 私には流れ込んでこない。

村上 そうやって今ひとつ納得してないような顔されてますけど、株をやり始めると、こういう世界経済の話が、ちょっとずつ気になってくるでしょう?

西原 あ、それは確かにそうなってる。

村上 僕はそれが大事だと思っていて、日本の人にはもっと気にするようになってほしいですね。

西原 世界の政治や経済のことを、ちょっとずつみんなが考えるようになる。

村上 そう、それが全部リンクしてるんだなっていうことを感じてくれると、すごくうれしいんですよ。

日経225
買ったとたんに
ぐいぐい下がり
平気
平気
といいながらどんな
小さな事でも
イラつき始めー
雀がノリ食っただけで
舌
ちょん
切る
ばあさんの
気持ちが
よく
わかる今

【その2】息子が選んだ銘柄は……？

どういう理由で選んだんですか？──村上

一風堂のラーメンが大好き、スクエニも小さい頃からゲームでお世話になってて大好きっていうんで。──西原

村上 息子さんは何を買ったんですか？

西原 スクウェア・エニックスと一風堂です。本当はほかに買いたいところがあって、任天堂とラーメン屋さんの一蘭。あと、湖池屋とスーパーの紀ノ国屋。

村上 一蘭と紀ノ国屋は上場してないでしょう。

西原　はい。だからそれはなしで、任天堂と湖池屋は100株からしか買えないっていうんでやめて、それでスクウェア・エニックスと一風堂になりました。

村上　何株ぐらい買ったんですか？

西原　予算100万円で買えるだけ（10月15日に購入）。だから湖池屋と任天堂は買えなかったんです、高すぎて。

村上　どういう理由でそれらの会社を選んだんですか？

西原　いやもう一風堂のラーメンが大好きなのと、スクエニも小さい頃からゲームでお世話になってて、とっても好きなメーカーだったたと。買えなかったけど任天堂のゲームも大好きだし、湖池屋はポテトチップスがおいしいから。ちなみにスーパー紀ノ国屋はお惣菜がおいしいから。

村上　なるほど、わかりやすい（笑）。つまり、そういうふうにみんなが好きなものを作ってるから、株にもそれなりの値段がついているわけですよ。

西原　ああ、そういうことなんですね。

村上　じゃあ、株価の動きを見てみましょうか。まずはスクウェア・エニックス。

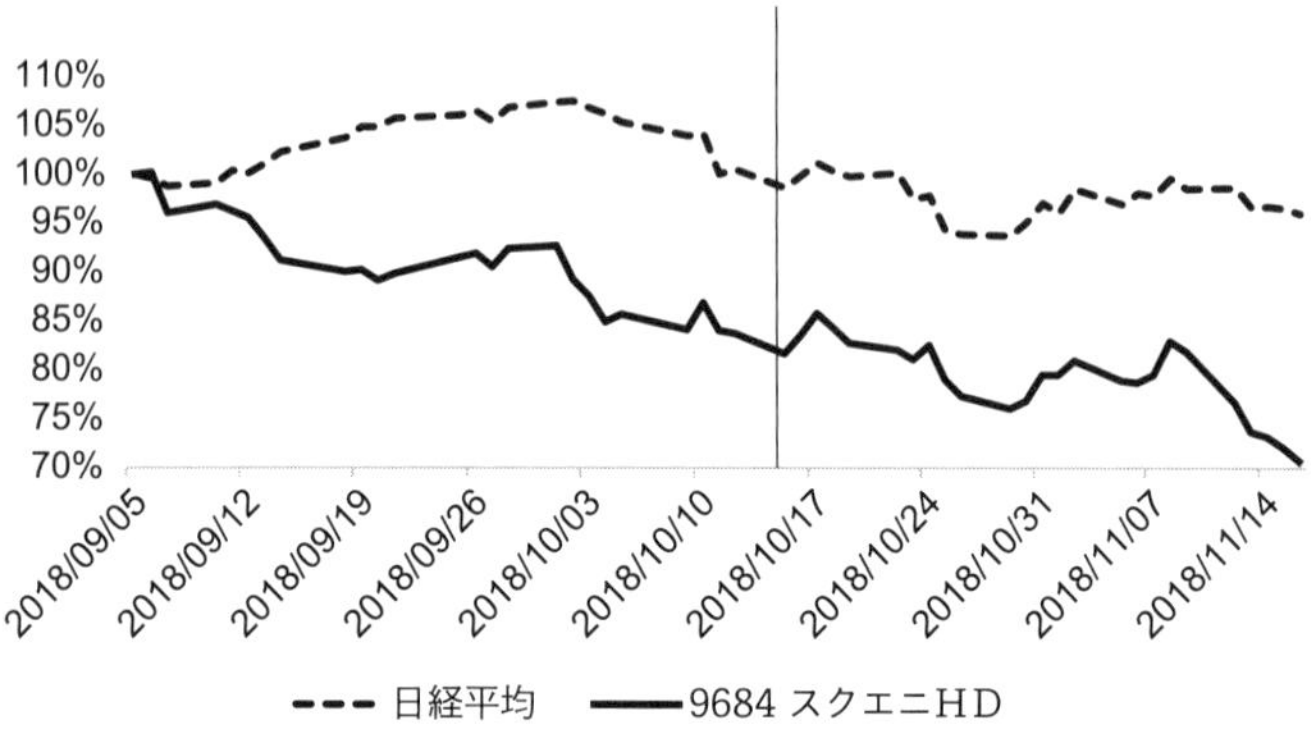

スクウェア・エニックス 2018/9/5~11/16
（タテ線は購入日）

（前ページチャート参照）

西原　結構ドーンと下がってますね。

村上　なぜこんなに下がったかというと、先週決算発表があって、減益をドーンと出したからです。しかも、ゲームの開発の中止も発表しました。

西原　その開発中止の話は息子は知ってました。でも、その分海外から面白いゲームを引っ張ってくるから安心できる、みたいなことを言ってましたけどね。

■アップダウンが激しいゲーム業界

村上　この会社の特徴は、たとえば「ファイナルファンタジー」の新作が出た瞬間は必ず、バーッとすごい利益を上げて株価も上がる、出ないときは下がるというアップダウンがあることです。だから、好きかどうかじゃなくて、そのアップダウンでトレードしてる人もいると思う。

西原　ああ、なるほどね。でも、上がり下がりの山と谷は何となく日経平均と連動してるようなしてないような……。

村上　いいところに気がつきましたね。大きな株はほぼ日経平均と連動しながら、ときどき発表する業績によって、上下幅の大きさが変わってきます。ただ、アップダウンがありつつも、全体としてゲーム業界の株はちょっと安くなる傾向にある。たとえば、ガンホーっていう孫正義さんの弟の孫泰蔵さんがやってた会社は、「パズドラ（パズル&ドラゴンズ）」が大ヒットして株価が大きく上がった。でも、その波が過ぎ去った今は4分の1ぐらいになってる。ゲーム業界は当たり外れがあるんです。一発当たるとドーンと上がる、当たらないと全然ダメ、みたいな。

西原　この株を買って、ゲーム会社が、次に出るゲームによって、いかにアップダウンが激しいかってことは親子で勉強しました。

村上　「ガチャ」ってあるじゃないですか。ゲームの中で課金すると、武器とか何かアイテムが当たるという。

西原　みんなガチャ大好きですね。レアな武器を手に入れたくて手に入れたくて。

村上　それにみんながハマりすぎて、賭博みたいになっちゃったわけですよ。それで

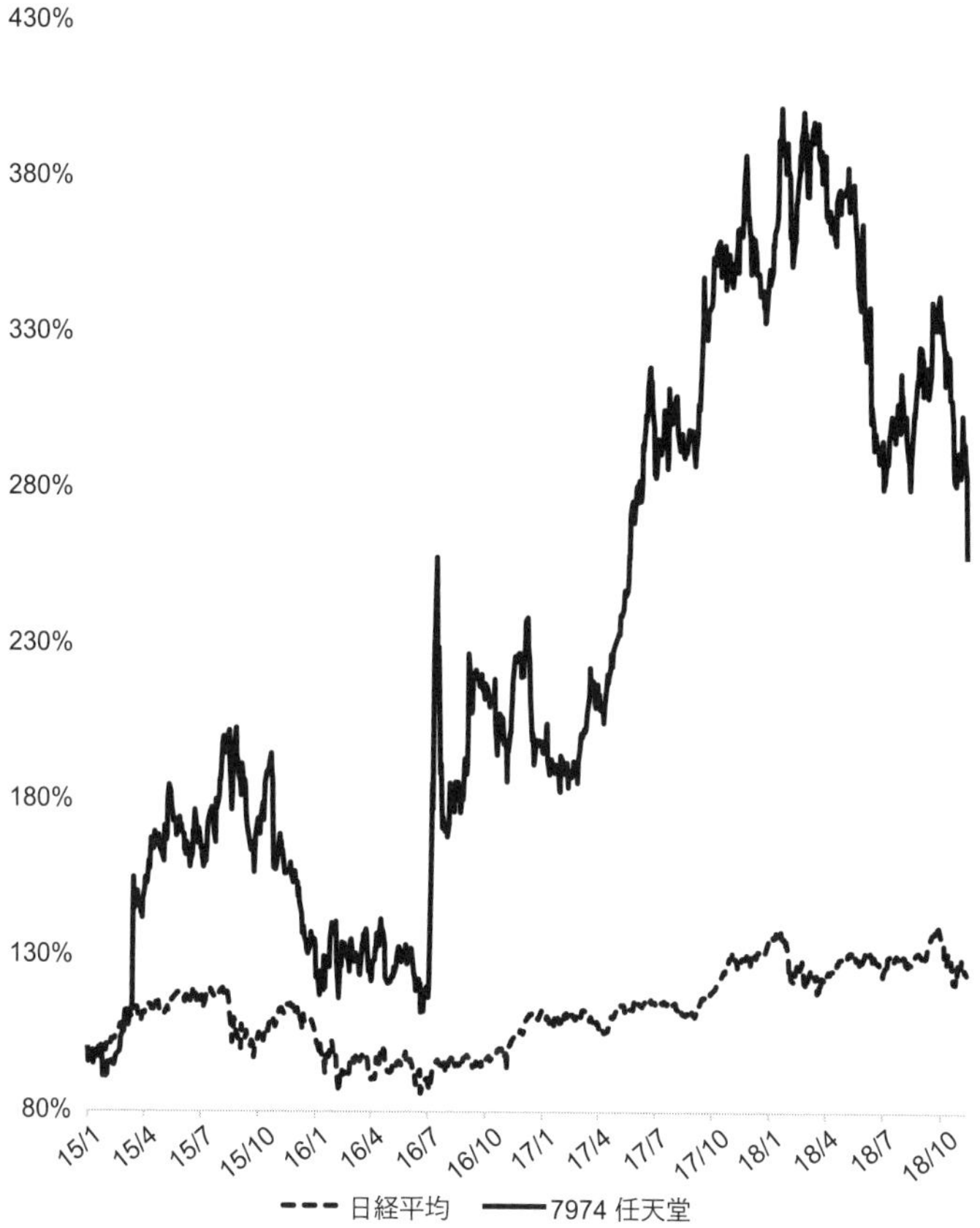

任天堂 2015/1/5~2018/11/16

政府が「こういうものは青少年の教育に悪い」と規制をかけた。そしたら、そのゲーム会社の株も大暴落しました。だから株というのは、単にその会社が好きというだけじゃなくて、業界全体がどうなってるのか、将来はどうなるのか、政府がどういう政策をとるのか、なども考えなきゃいけません。

西原 任天堂はやっぱり「ポケモンGO」ですごい株価上がったんですよね。

村上 リリースが2016年7月で、そこで一気に上がってます。2017年にはニンテンドースイッチの販売好調でまた上がった。でも、その後はニンテンドースイッチの海外での販売不振や新たなゲーム機の発表がなかったため、下がっています。

西原 これを見ると、ゲーム会社の株はアップダウンが大きいというのがよくわかりますね。（前ページチャート参照）

■ラーメンは世界に広がるコンテンツ

村上 もうひとつの一風堂は「力の源ホールディングス」が運営しています。なので、そちらの株を買われたわけですね。

西原　ラーメンは世界に広がるコンテンツだって、親子で信じてて（笑）。なかでも一風堂はいけると思うんですよ。

村上　ラーメンの世界で言うと、味千ラーメンが先に中国に進出してますね。ある中国の人が熊本のお店に食べに行って、「これはうまい」っていうんでライセンス契約を結んで、まず香港に店を出した。今は中国本土とアジア全域、北米などに何百店舗もある。そのあと、一風堂がニューヨークに海外1号店を出して、大変な人気になった。それが10年ぐらい前かな。そこから中国とかマレーシア、シンガポール、イギリス、フランスなんかにも進出して、2017年に上場しています。その上場資金を使って、またどんどん世界展開していこうという感じなのかな。

西原　私の聞いたところでは、海外の味千は日本人には評判悪いんですよ。その点、一風堂はおいしいんです。息子が留学してたときにニューヨークの一風堂に行ったら、すごい行列で60分待ちとかになってたって。それでもみんな並んでて、食べたらちゃんと日本の味でうれしかったと。

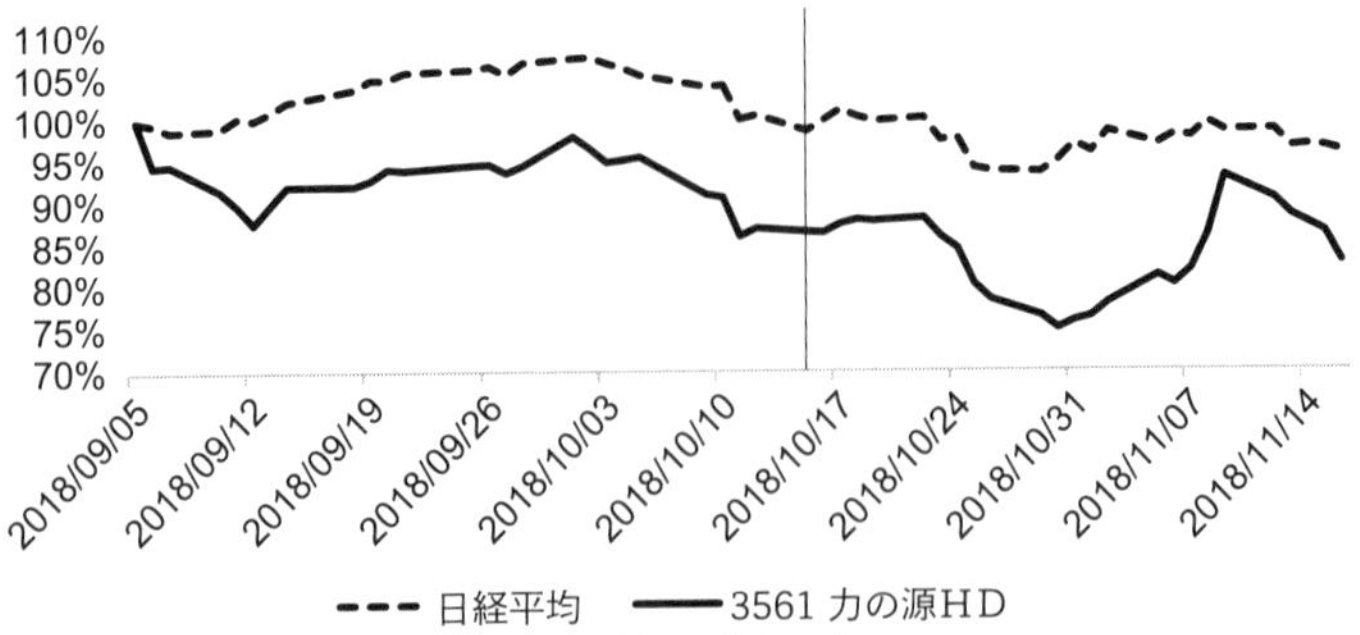

（タテ線は購入日）

力の源 HD 2018/9/5~11/16

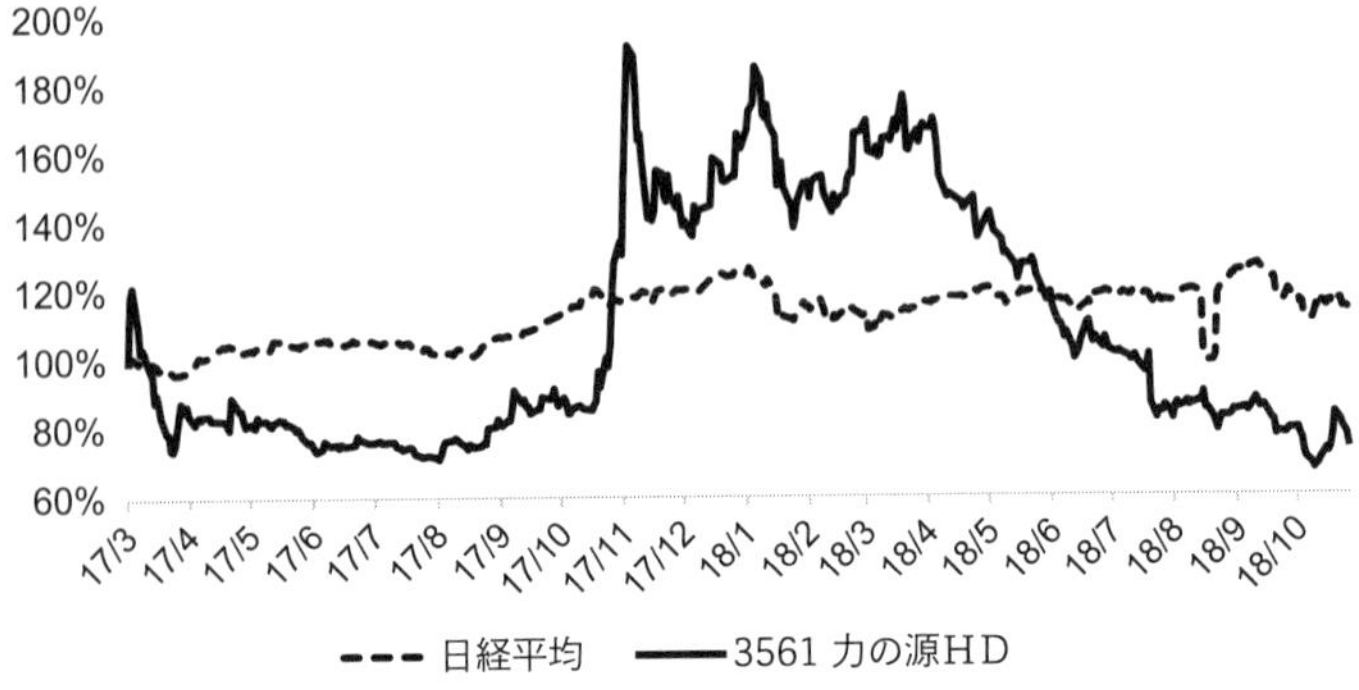

力の源 HD 2017/3/21~2018/11/16

村上　だから息子さんとしては「これはいける」と思ったんですね。

西原　はい。アメリカのごはんが何しろマズくて、すごい流行ってる中華の店の人気メニューが鶏の唐揚げのオレンジジジュースぶっかけって恐ろしいもので、それを食べてむせび泣いたそうです。逆の意味で、日本人の舌が世界に通用しないと痛感したらしい（笑）。そこに一風堂があったら、砂漠にオアシスっていうか地獄に仏っていうか。

村上　僕も世界に日本食を広めたいという気持ちはあって、ダイニングイノベーションという会社を立ち上げて、アジア各国に焼き肉やしゃぶしゃぶの店を出したほど。そこに可能性はあると思っています。ただ、力の源ＨＤのデータを見ると、利益がドーンと落ちてますね。

西原　えっ、あんなおいしいのに売上落ちてるんですか？

村上　売上も多少落ちていますが、それより利益が落ちたんです。どんどん出店してるから、初期費用が結構かかってるんだと思います。あと、海外も含めて店舗が増えれば、物流費もかかってくる。その分、利益が減少してるんですね。そのため、株価も下がったんでしょう。（前ページチャート参照）

西原　一番高かったときに比べたら、すごい下がってますよね。
村上　でも、これが底かもしれませんよ。伸びしろはあると思います。
西原　ラーメンが伸びたらマズいですけど（笑）。

子供に100万円で株を買わせましょう企画スタート
ドキドキ
「こんな嫌な「はじめてのお使い」ない」
おかーさんそのお金はどこから?
会社に今お金なくて
仕方ないから
ばあちゃんの年金
鬼孫
じゃね

【その3】みんなが負けると誰が勝つ？

息子の素朴な疑問が「みんなが負けると誰が勝つの？」と。——西原

株は「みんなが負けて、みんなが勝つ」んです。——村上

西原　息子はおかげでスマホで株価チャートとか見ることを覚えたんですけど、朝電車に乗ってると同じようにスマホを一生懸命見てるサラリーマンがいるじゃないですか。それを習慣でのぞき込むようになっちゃって、息子が言うには「お母さん、みんな負けてるよ」って。ここんとこずっと二人で「今日お母さんはこんなにマイナスだ

よ」「僕もこんなにマイナスだよ。電車の中のみんなもマイナスだよ」って言い合ってる。それで、息子から出てきた素朴な疑問が「みんなが負けると誰が勝つの？」という。あと、「日本が勝つと周りの国が損をするの？」という疑問もありまして。

村上　なるほど、いい質問ですね。まず最初の質問ですが、株は「みんなが負けて、みんなが勝つ」んです。FXやビットコインは、勝つ人と負ける人がいます。前回も少しお話ししましたけど、株価というのは企業の価値を表すプライスタグなんです。どんどんどんどん企業の価値が上がっていくと、みんなが勝つんです。たとえば日本の今の株全体のマーケットが600兆円くらいあります。でも、それって1990年からほとんど変わっていない。だから景気がよくなった感じがないんです。でも'80年代には、前半には100兆円を切っていた時価総額が600兆円を超えるまでに成長した。10年弱で500兆も成長した。もっとさかのぼって1970年頃はどれぐらいだったかというと、20兆円前後。つまり、1990年まではすごい勢いで、ずーっと上がってたわけです。

西原　その時代は、みんなが勝ったと。

村上　そうです。でも、バブル崩壊でドーンと落ちて、みんなが負けた。そこからまた上がって、今は30年前とほとんど同じ値段だよ、と。でも、日本株自体はちゃんとやればもう少し上がるよ、みんなが勝つよ、というのが僕の感覚なんです。

西原　その「ちゃんとやれば」というのが、村上さんの言うコーポレート・ガバナンス。

村上　はい。今、日本の企業の現預金っておよそ200兆円もあるんです。使わずに貯め込んじゃってる。何かに使うために貯めるのはいいけれど、何に使うのかはっきり言いなさいよと。それから「日本が勝つと周りの国が損をするの？」という質問ですが、株に関して言えば世界だいたい同時に安くなってるんで、これもやっぱりみんな負けてますね。貿易とかだと、またちょっと話は別ですが。

西原　日本の株全体が上がればみんなが勝つ、下がればみんなが負けるというのは何となくわかりますが、実際にはそれでも儲ける人と損する人、いますよね。

村上　もちろん個々の銘柄ではそれぞれアップダウンがありますから、その人の売買の仕方によって勝ったり負けたりはありますね。あと、全体が下がってる、みんなが負けてる局面で儲けようと思ったらショート、つまり空売りという手もあります。これはちょっと中級以上のレベルになるので、「そういうのがあるんだな」ぐらいに思っておいてもらえばいいんですが、手元に持っていない株を前もって売っておいて、あとで買い戻すわけです。たとえば、100万円のものを空売りして、50万円に値下がりしたときに買い戻せば50万円の儲けになる。でも、もしそれが150万円になったら50万円の損です。

西原　それって要するに先物取引ですよね。

村上　株の場合は信用取引と先物取引があって、デリバティブの率の違いなどはありますが、理屈としては同じですね。

西原　私の知り合いの末井《すえい》さん（元白夜書房で『写真時代』『パチンコ必勝ガイド』などの編集長を務めた末井昭《あきら》氏。現在は作家、エッセイストとして活躍中）が昔、先物取引で何億円という借金をこさえて担保のバブルで0円になったマンション差し出して、「もう返さない」って借りた銀行に宣言して、大モメして月々の返済が一万円になったの。それ応仁の乱から返しても完済しなくない？　って。私には末井さんのあの度胸はないから、先物は無理ですわー。
村上さんは負けて熱くなることはないんですか？
村上 僕はね、まったく熱くならないの。
西原 ええっ⁉
村上 自分の能力というものがあって、その能力によって儲かることもある。でも、自分の読みがすべて当たるわけじゃない。当然負けることもある。それは仕方がない。10勝0敗というのはなくて、8勝2敗なら御の字。場合によっては5勝5敗でもいい。トータルとしてどれだけ勝ったかが投資にとっては重要と、僕は常に思ってるんです。
西原 信じられない。焦げついてカーッとなるっていうのはなくて、さらっと流せるんですか？
村上 それはもう、しゃあないなと。
西原 それが才能なんですね。私なんか何年も前のこと、いまだに忘れられません。
村上 だまされたとかいう場合は、そうかもしれない。でも、たとえば日経225を買って、トランプさんが中国制裁をやったと。その結果どんどん下がったって、それは仕方がないですよね。

西原　そうかもしれないですけど。自分でどうこうできることでもないですし。

■投資は5勝5敗でもいい

村上　僕は今、日本郵船という株で何十億も損してるんです。それはもう、いろんな不正があったりした。でもまあ、それは仕方がないなと思っています。船舶業界の価格の読み間違いをしたな、と。今は船の供給が過剰になっていて、船の値段が下がってる。供給が過剰になると、船を造らなくなる。そうすると需要のほうが多くなる。そしたらまた上がっていく。そういうサイクルの中で、トップの人を責めてもしょうがないなと。

西原　ていうか、何十億も損できるのがすごい（笑）。放火したりしたくならないのがすごい。

村上　僕の場合はずっと数字を見てるから、この業界はたぶんこういうトレンドに行くだろうというのを見極めながら投資します。でも、この業界の中のこの企業だけってことになると、やっぱり結構難しい。だから日本株全体を買う日経225のようなものがいいんじゃないですかと、僕はおすすめしてるんです。

西原　息子は「ｅスポーツが絶対これから来る」と。ゲームのオリンピックですね。海外ではものすごい人気で日本でも絶対流行《はや》ると。それで「よし、ｅスポーツを買おう！」と二人で盛り上がったんですけど、アシスタントに「オリンピックっていう株はないでしょ。ｅスポーツっていう株もないですよ」って冷静に言われて終わっちゃった。

村上　「ｅスポーツが来る」って西原さんが思ってるってことは、みんなも思ってるわけですよ。だから、そのｅスポーツが流行ったときに、どこの株が上がるのか。もうすでに高くなってるかもしれない。そのなかで、「風が吹けば桶屋が儲かる」的な銘柄を見極められればいいんでしょうけど、知識と情報がないとなかなか難しいですね。

ついに長年の疑向き晴らす日がやって来た
一千万
駅前にたくさんある銀行のフリした何か
SMB証券
信託
54歳までナゾのままほっといてたのもどうしたもんか
正体あばいてやる
一千万持ったまま追い返される
くやしいいい
私の正体が怪しくて株買わせてもらえず

【その4】もし月収30万円のサラリーマンだったら?

月収30万円だったら、投資はしないで貯めますね。
——村上

やっぱりそうなりますよね。とりあえず100万円貯めるとか。
——西原

西原 今、村上さんが何かのきっかけで丸裸になって、いろんな人脈もなしになって1万円手にしたらどういう行動に出るか。1万円じゃなくても、たとえば月収30万円の普通のサラリーマンになったら、まず何を始めるのかなって。

村上 月収30万だったら、投資はしないで貯めますね。年金とか保険とかに入れて、徐々に増えていくのを楽しむ。国の年金じゃなくて、プライベートな年金に入れて、積立何とかみたいなのにするかな。

西原　やっぱりそうなりますよね。とりあえず100万円貯めるとか。私、社会に出て最初の目標がそれだったんです。

村上　100万円だとまだあんまり何もできなくないですか。

西原　でも、100万円貯まったとき、すごい安心だった。「ああ、これで病気になれる」と思って。

村上　それはありますね。まず生きていくことが大事で、投資はそのあとの話だから。

西原　村上さんは今、どこらへんの投資が胸アツですか？

村上　今、アジアの不動産にたくさん投資してます。

西原　アジアなんて、法則が通用しない中国人と時間感覚ゼロのインド人だらけじゃないですか。あんな人たちを相手にどうやって商売するんですか。

村上　いやいや、そんな人ばっかりじゃないですよ（笑）。相手がどうこうというより、国自体が経済成長してるんです。だから、わりと何をやっても、その国が発展していくとともに少しずつ儲かる。そこにレバレッジをかけますから……って、細かい話はやめときましょう。

西原　今ならインドで預金の利率が6%とか8%とかって聞くじゃないですか。そこで入金したら、インド人の銀行員が勝手に金を抜いて逃げたとか、そういうどうしようもない話ばかり耳に入るんですよ。こっちはインドの言葉できないし、ガチャンと電話切られたら終わりだし。そこから弁護士とか使って追い込みかけられる人じゃないと手を出せない。

村上　だから、それをできる人がお金を集めて運用するんですよ。僕だって昔はそうでした。他人《ひと》様のお金を預かって、僕が投資をして、増やした分の2割は僕のもの、損しても僕はかぶりませんよ、というのがファンドです。大事なお金を預けるんだから、その人が信用できるかどうかでファンドを選ぶわけですよね。

■ご恩のある人に絶対損はさせられない

西原　村上さんはそれでずっと信用あるからお金が集まった。

村上　当時はね。今はもう他人のお金は扱っていません。そのへん自分は真面目なもんで、しんどくてしんどくて……。だって、僕がもし西原さんのお金を預かってたら、たぶん西原さん、毎日「大丈夫？　大丈夫？」って電話かけてくるでしょ。

西原　うん（笑）。

村上　やっぱりそれはしんどいんですよ。だから、もう十何年、人のお金は預かってません。

西原　昔は「大丈夫？　大丈夫？」って電話かかってきました？

村上　ファンドを立ち上げたときに集めたお金が30億〜40億あるんです。その頃に2000万とか5000万とか出してくれた人からは、電話かかってきましたね。やっぱりみんな怖いから。こいつホンマに大丈夫か？　元官僚だけど、この金持ち逃げされたらどうしようって思うじゃないですか。だから、そういう人に呼ばれたら行かなきゃと思って、一晩に別々の人とごはん3回食べたりして。

西原　顔を見ておかないと相手も不安ですもんね。

村上　それと、もうひとつはご恩ですね。海のものとも山のものともわからない自分を最初に支援してくれた人には絶対損はさせられない、という思いがありました。

西原　私の周りでは、ご恩でお金がきちんと返ってきたという話を聞いたことがありません。絶対に損させないからって出したら二度と返ってこないという、ほぼオレオレ詐欺的なものばかり。だから村上さんのお話は奇跡みたいに思えるし、何度聞いても信じられない。ちなみに中国はもうダメなんですか？

村上　いやいや、これからもいいでしょう。いいんですけど、あの国を相手にするのはなかなか難しい。

西原　何かバブル弾けたっていう噂が……。

村上　いやいや、中国はどんどん伸びますよ。さらに言うなら、今のレベルが低い国のほうがもっと伸びる。だから、東南アジアに投資してます。アフリカなんかもいいかもしれないけど、僕にはちょっとわからない。でも、東南アジアのことは相当理解したのでやってるんです。

勉強しなさいっ
勉強できない私は子供のころただもう毎日こう怒鳴られた
東京来てかしこいさんちに遊びに行ったら親が生活の中でフツーに教えてて
あーそれはねー
自然と身につく高尚な現場を目撃
教育できる親ってすげえなあ
い！一緒にやろうよ
えー
どしたの急に
教えられないから一緒にやる

【その5】投資に向く人、向かない人

こういう人が投資に向いてるっていうの、ありますか？——西原

数字に強い人。数字を覚えることができる人は向いています。——村上

西原　やっぱり何でも向き不向きってあるじゃないですか。こういう人が投資に向いてるっていうの、ありますか？

村上　数字に強い人。数字を覚えることができる人は向いています。

西原　新潮社の中瀬ゆかりさんが、すごく数字に弱いんですけど、私に向いてる投資

はありますか？　というのを聞いてくれと。

村上　それはやっぱり基本的には向いてないですね。ただ、西原さんにもおすすめしたように、日経225のようなものを長期的に持っているのはアリじゃないかな。経営にもそういう部分があって、よく「私は数字に弱いけどセンスはあるのよ」って言う経営者がいますけど、何のセンスなのかと。やっぱりバランスシートとかプロフィットロスとか、そういうのはわかっていないとうまくいかないと思います。

西原　自分のできないことを「気合いで」とか「俺流」「本気と書いてマブと読む」とか言って物事をぶっつぶす人間を、イヤというほど見てきました。

村上　そういう人は、向いてないと思います。

西原　すでに小学校のときから理数系の子と文系の子って、きれいに分かれてますよね、その子の素養として。

村上　そうですね。僕はもう典型的な理数系の人間。まあ、学部的には法学部なので、一応文系なんですけどね。でも僕、算数しか勉強したことないんで、そういう意味ではやっぱり理系かな。数学でいうと、確率、なかでも期待値の問題が大好きでした。

東大の入試の数学で、だいたい1問出るんですよ。それはもう「キター！」っていう（笑）。

西原　出た、期待値！　村上さんの本にも、期待値の計算をするために〈成長率や現在のGDP、人口、借金、こうした大きな経済の指標はもちろんのこと、為替レートや土地・住宅の価格、平均的な所得など〉を〈すべて頭に叩き込む〉、そうすれば〈どこの国でどのような投資をするべきかがおのずとわかってきます〉って出てましたけど、「サラッと言うな！」って、読みながらツッコみましたもん。

村上　でも、自慢じゃないけど、やっぱり考えてますね。僕は何をやるにしてもそういうことは常に。

西原　だって、そんなの頭に入らないですよ、普通。

村上　だから差が出るんですよ（笑）。

西原　憎い！　これだから灘高、東大卒は……。

■算数だけは勉強しといたほうが幸せになれる

村上　女の子は「私、数字は苦手なの」っていう子が多いんですが、小っちゃい頃から算数だけは勉強しといたほうが人生幸せになりますよ、ということは言っておきたい。嫌いだからって捨てないでね、と。

西原　どの程度までやっといたほうがいいですか？　数Ⅰぐらい？

村上　足し算引き算でいいんです。掛け算よりも足し算引き算が一番重要。たとえば、レストランで食事をしたときに「今日はいくらぐらいかな」というのがわかるかどうか。僕は子供たちと食事に行ったときに、よく「食事代当てゲーム」というのをやっていました。食事代の合計金額を予想して、実際の値段に一番近い人が勝ちという単純なゲーム。ただし、先に回答した人の金額と500円以上の差をつけなければいけないというルールがあります。なぜそうするかというと、そのほうが頭を使うしゲーム性が高くなるから。

西原　面白そうですね。ウチの母親も「こんなん外で食べたらなんぼするやろか」って、よく言いますけど（笑）。

村上　このゲームで勝とうと思ったら、まずメニューの値段を覚えなきゃいけない。いろんなお店のメニューの値段を真剣に見ているうちに、味やお店の雰囲気、サービスの質と価格の関係を考えられるようになります。さらに、それが自分にとって費用対効果が見合っているかということも考えられるようになる。男性にごちそうしてもらった場合も、自分はいくらぐらいで接待されたのかわかる。僕は、そこが重要だと思うんです。

西原　それはいい考えですね。日常生活のなかで、いろんな価値をお金に換算する訓練。この服なら何万円出すとか、この服5000円でも高いやろとか、何回この服使えるかとか、そういうやつですね。よく「喪服だけはいいものを」っていうけど、あれはおばさんたちの間では絶対やっちゃダメなこととされてます。次に喪服着るときには必ず太って着られなくなってるから。もうこれ以上太くならないからと思ったら、さらにまた入らなくなってる。だから、その服を何回着るか、どのぐらいの金額か、それでどこに行けるかっていうことでの算数だったら、女の人は強い。

村上　それは西原さん、得意なんじゃないですか。

西原　その算数は得意ですね。お洋服に換算すると、すごくわかりやすい。それは人生の算数というか、女の算数なんですよね。父親が死んだときに母親が棺桶に釘を打ちながら「これで借金が増えん」って言ってて。ああ、いい算数だなあと思って、つい笑っちゃったのを覚えてます。

■過去の恨みは忘れない

村上　前回のギャンブルの話で、ブラックジャックはカウンティング、つまり出たカードを覚えれば勝てると言いましたが、投資でもスマホとか見ればマーケットにバーッと値段が出てますよね。で、プラスマイナスいくらだっていうの、僕はパッと見てだいたい覚えちゃいます。「あ、今日はこうなってるな。じゃあ、日経平均はたぶんこうなってるな」という動きがだいたいわかります。もう、そういう癖がついちゃってる。

西原　昨日何食べたかとか、そういうのも覚えてます？

村上　全部覚えてます。

西原　これは覚えづらい、っていうのはないんですか？　何回言われても忘れちゃう、みたいなの。

村上　奥さんに怒られたこと。「あなた何度言ったら覚えるのよ！　こんなことはしちゃいけないって言ったでしょ！」って言われても、忘れよう忘れようって自分の中で思ってるんですね（笑）。西原さんは覚えるのが得意なこと、「これだけは忘れない」というのはないんですか？

西原　過去の恨みとか。

村上　なるほど（笑）。

西原　〝あのとき刺しちゃえばよかったのにベストテン〟とかね。そういうのは絶対忘れないですね。あと、やっぱり損したこととか負の遺産は忘れない。お金のことはそんなに執着はしないんですけど、やっぱり人間の負の感情がね。嫌なことを言われたりやられたりしたことは、ずーっと覚えてますね。

村上　僕も昔は仕事やなんかで頭にくることがあると、バーッと電話して「ふざけんな、馬鹿野郎！」「こんなことしやがって！」みたいなことがありましたが、今はもうなくなりました。それはもういいや、仕方がない。済んだことでグチャグチャしてると残りの人生が楽しくないし、という感覚。ちょっと解脱できたかもしれない（笑）。

女の人は空気読むのが得意な人が多いから
あんたこれなんぼした
高いわないわコレ
そっからこの味ならこの服ならなんぼって読むのができる
これが当たるようになれば数字に強い人です
関西のおばちゃんは全員投資に向いてるワケですな
っしゃあ

第3章　投資をすれば世界がわかる

［対談収録：2019年1月10日］

お金を
かせぐと
いう
ことは
自由を
手に入れる
ことでした

【その1】株価が下がった原因は……?

2カ月で100兆円が吹っ飛んだ。それはたった一人の人物のおかげです。——村上

トランプさん? ——西原

西原 年末にまたドーンと下がっちゃいましたよね。私のもそうだけど、息子の株も下がってて、「スマホ見るたびに僕の大事な100万円がなくなっていく」っていうんで気持ちがめげてきちゃってる。「これで儲かったら任天堂の株買うんだ!」って言ってたのが、「もう全部なくなってしまう、初めてお母さんにもらったお小遣いなのに」って。

村上　でも、ここはむしろ買いです。僕はこの12月に買って買って買いまくりました。

西原　ここが底ってことですか？

村上　底かどうかはわからないけれども、2年間我慢してください、と。この10月から1月の間に、いったい何があってこんなふうになっちゃったのか。値段の動きやすさを「ボラティリティ」っていうんですけど、ここまで動くのってなかなかない。

西原　私も自分が買ってから毎日チャート見てますけど、こんなに動くんだっていうのはわかりましたね。10月じゃなくて今買ってればよかったのに。

村上　今、日本全体で株式市場の時価総額がだいたい６００兆円。10月は７００兆円あったのが、２カ月で６００兆円に下がった。つまり、１００兆円が吹っ飛んだんです。

西原　どこかの国が買えるお金ですね。

村上　「どこか」どころか、世界の半分以上の国が買えると思います。それぐらいの規模のお金が吹っ飛んだ。日本で何かあったかっていうと、別に何もない。それはたぶん、たった一人の人物のおかげで吹っ飛んだんです。

西原　トランプさん？

村上　そのとおり！　やっぱり米中関係がここまで悪くなると、マーケットにも不安が広がります。11月末には期待があったんです。習近平と会うぞ、それなりに手を握るんじゃないか、と。その期待が高まったところに、ファーウェイのCFO（最高財務責任者）を逮捕した。みんな「えーっ⁉」って思いますよね。そこからドーッと落ちました。

西原　みんなの不安が下げるんですね。

村上　ええ。不安が不安を呼んで、それこそ戦争になるんじゃないか、ぐらいに不安が大きくなってしまった。中国のほうは秋波を送っているけれど、トランプのほうが強硬姿勢を崩さない。本当に、ある意味すごい人だと思います。だって、自分の一番の側近である大統領首席補佐官（ジョン・ケリー）とか国防長官（ジェームズ・マティス）まで切っちゃうんですよ。政権発足時から半分以上の人が辞任か解任で、もういなくなってるという。さらにメキシコ国境の壁の建設問題で民主党と対立して、政府機関が一部閉鎖されてる。もうみんな「えー、どうなるの？」と思いながら見てますよ。

西原　私はそれをずっと見てて、この人、焼畑農業みたいだなと思いました。一回焼き払って、そこから耕す、みたいな。そういうやり方なのかな、と。

村上　僕のほかは誰も言ってない〝村上説〟があって、この人は政治家の前にビジネスマンです。ビジネスマンというのは最後のゴールが頭の中にないとなかなかできないと僕は考えていて、トランプの中には最後のゴールがあると思っています。だって、トランプが本当にムチャクチャな人間で、本当に米中関係がムチャクチャになったら、アメリカの経済はどうなるでしょう？　相当傷んできますよね。そうすると株価が下がります。それはビジネスマンであるトランプにとっても困るわけです。

西原　なるほど。あんまり無茶したら自分が損しちゃう。

村上　だから、どこかにターニングポイントが絶対あります。米中関係や民主党との関係などをある程度修復して、アメリカ経済が良くなる。そうすると次の選挙でトランプが再選されます。逆に、このままムチャクチャやって経済が悪化したらトランプは落ちます。そうすると、トランプじゃなくなって経済は戻ります。どちらにしてもアメリカ経済は良くなると思います。その選挙が来年（2020年）の秋。僕が「2年間我慢してください」と言ったのはそれなんです。

西原　トランプさんが落ちても通っても2年後には株は上がると。

村上　はい。ただし落ちる場合は、来年の夏あたりまでは下がり続けるかもしれない。

■どういうニュースに注目すればいい？

西原　そういうふうに一回下げといて上げると、経済がすごい回るんじゃないかと思うんですけど。

村上　いや、経済活動の大きなアップダウンは、僕はあんまりいいことではないと思います。やっぱり経済活動のベースが崩れると失業者が出ちゃうんで。

西原　なるほど。常に小幅な動きのほうがいいということ？

村上　ちょっとずつ上がるのが一番いいと思います。

西原　それはそうですけど。でも、そんなうまいことといってる国ってあるんですか？

村上　たとえばシンガポール。50年間ずっと上向きです。ほとんど落ちたことありません。というかＡＳＥＡＮの国はアジア危機の'97年を除くと、この40〜50年ずっと上向きですよ。日本も'90年までは、二度の石油ショックのとき以外、ずっと上向き。あまり景気が良すぎて金利が８％だったわけですよ、僕らの小さい頃は。それが今はゼロ金利。でも、アジアでは今でもまだ５％は当たり前。10％の国もあります。

西原　さっきのトランプの話もそうですけど、いろんなニュースがあるじゃないですか。そのなかで、どういうニュースに注目していればいいんですかね？

村上　うーん、ひとことで言うのは難しいですね。いろんなことが全部、関係してくるわけですから。ただ、僕自身は投資の世界で50年やってるので、「あ、このニュースは響くな」「このニュースは気になるな」というのは、もちろんあります。

西原　マスコミって、世界中の不安を煽るようなことしか報道してないじゃないですか。みんなの不安で株価が下がるんだったら、トランプも下げてるけどマスコミも下げてますよね。だからもう見ないほうがいいぐらいに思っちゃう。

村上　だけど、投資をしていれば見ないわけにはいかない。見ているうちに、世界のどういう動きが日本の経済、自分の持っている株にどう影響するのか、だんだんわかるようになってくるはずです。そういう能力を高めていくことが、投資をやるひとつの意義でもあると思いますね。

西原　村上さんはやっぱり、新聞とかテレビとかネットとかのニュースに、ひととおり目を通すんですか？

村上　シンガポールに移住してから、あんまり新聞は見ないですね。一応取ってはいますけど。ネットのニュースのほうが多いですかね。あとは、たとえば財務関係のブルームバーグのニュースとかロイターとか、そういうのを見ています。世界に何か動きがあるとバーッと情報が出てきますよね。彼らはコメントよりも事実を明確に流します。

西原　ああ、それは大事ですね。日本のテレビとか新聞は、なんかもうすべてがネガティブというか批判から始まるので、見ていると嫌な気持ちになっちゃって。特に子供を育て始めてからは、そういう嫌な気持ちで子供に接したくない、仕事にも嫌な気持ちで向かいたくない。だから、どんどん見なくなっていきますね。

村上　ネットのニュースとかもあんまり見ないですか？

西原　あれは朝起きたら必ずダーリン（パートナーの高須克弥氏）が炎上してるんで、ダーリンの動向を調べるために見てる（笑）。

株を買ってから何となく世界ニュースを見るようになって
何となく本日の日経平均とか見るようになった
ざっくりうす目で眺めるだけだけど
あ、なんか日本少し景気よくなってる?
だねー
数字を見るのをあんなに毛嫌いしてたのにフシギだ

【その2】投資で親子の会話が弾む

株をやったことによって、息子さんはどれだけ考えましたか？　――村上

ゲームばっかりやってたのが、CNNを見るようになりましたね。　――西原

西原　息子は自分の株が下がってるのを見るのが嫌って言ってるんですけど、村上さんはそういうことは全然なかったですか？

村上　ピンチはチャンスだと、常にそう思ってます。

西原　そんな根性論みたいな（笑）。

村上 いえいえ、僕の投資の仕方は本当にそうなんです。それに、息子さんだけ下がってるんじゃなくて、マーケット自体が下がってますから。スクエニの場合はたまたま下方修正っていうのが出ちゃいましたけど、みんな下がってるんです。そういう時期もある、と。

西原 ああ、そうか。息子は去年、大学受験だったから、「今回のセンター試験は全員悪かったから大丈夫」とか、そういう感じに言えば、わりと安心するのかな。

村上 でもね、株をやったことによって、息子さんはどれだけ考えましたか？　今までとは変わったところがあるでしょう？

西原 そうそう。本当にそれが一番の勉強になったと思います。ほら、よく家族の会話のためにペットを飼うといいっていうじゃないですか。「ナントカちゃんにごはんあげた？」「今日、僕のひざに乗ってきたよ」みたいにペットの話で間が持つという。株もそれと同じで「今日、また下がっちゃったよ」とか、すごく会話のツールになりました。あと、ゲームばっかりやってたのが、CNNを見るようになりましたね。トランプのニュースとか見てました。

村上　そういうことなんですよ、僕が言いたいのは。
西原「英語どのぐらいわかるの？」って聞いたら、ＣＮＮは難しい言葉使わないから７割わかるって。
村上　トランプの場合はほとんど顔と動作でわかるから（笑）。
西原　そうですね（笑）。民主党の意見をどこまで彼が無視したかとか、そういうことを同時通訳して私にずっと話してくれました。
村上　それは留学させた甲斐がありましたね。でも、ここまでニュースを見ない国、珍しいですよ。アメリカでもヨーロッパでもニュースだけ流してる局がありますから。
西原　向こうの人は非常にニュースに関心があってよく見るし、選挙もすごく大きいイベントだから、どの家庭でも子供とよく討論してるって息子が言ってました。トランプの発言には賛成なことも反対なこともあるけど非常に興味深いと。それで私にも教えてくれるんで、すごくよかったですね。ペットだと「ああ、かわいいね」で終わっちゃうけど、ちょっと賢い会話が息子とできるようになったのは、ありがたかった。そうじゃないと、「今日何食べた？」ぐらいしかしゃべることないじゃないですか。

村上　そういうふうに思ってもらえると、うれしいですね。

■子供に教えようとするならまず母親から

西原　村上さんは中高生に「お金の授業」をされてますよね。でも、子供に投資を教えようとしたら、まず母親が先に知ってないと、子供は興味が出ないと思うんですね。お母さんがちょっとかじってれば、子供も入りやすい。だって、お母さんが勉強しないくせに子供に「勉強しなさい」って言っても、子供はやらないじゃないですか。だから、私みたいなとことん数字に弱いタイプの人間に教えていくのが、一番効率がいいんじゃないかと思うんですよ。

村上　そうですね。親が「投資は怖い」と思っていたら、子供もそう思ってしまいますからね。

西原　でも、村上さんの「お金の授業」のドキュメント番組見てたら、村上さんが

「1億円の儲けになった」って言った途端に、スタジオの後ろのほうで聞いてた親の目がギラッて輝いたんです。やっぱりお金の力というのはすごくあって、子供が稼ぎ始めると親が急に牧場主の顔になるんですよ。

村上　牧場主って？

西原　「ウチの子偉い」じゃなくて、「ウチの牛はよう乳を出すぞ」っていうふうになる。「これは俺の財産だ」って。

村上　ああ、なるほど。

西原　それで、子供が稼げなくなると「チッ、牧場の売上が悪くなったぞ」みたいな感覚になる。それで悩まされてる子供が結構います。ていうか、私もなんですけどね。ウチのおばあちゃん——私の母親ですけど——に牛の扱いされてるなというのは前から肌で感じてたことで。それはあの番組の後ろにいた親御さんたちにもちょっと感じました。

村上　いわゆるステージママみたいになっちゃうのかな。

西原　村上さんはお父様から100万円もらって投資を始めたということでしたけど、

ご自分のお子さんへのお小遣いはどんな感じだったんですか？

村上　それは自分が１００万円もらったって偉そうに言ってるんだから、子供たちにも１００万円渡さないとダメでしょう。

西原　おお、すごい！　お子さん４人いらっしゃるんでしたっけ？

村上　そうですね。２番目の子は増やしました。３番目の子は２番目の子に取られて終わりました。当時まだ小学1年生か2年生で、２番目の子に「俺がやっといてやるよ」って持っていかれて「アレ全部なくなっちゃったわ」と。それをいまだに怒ってますね（笑）。

■子供の教育に一番役に立ったのは裁判

西原　ウチの息子なんかはちょっと下がっただけでめげちゃってますが、親としてはどうするのがいいんですかね？　たとえば受験で落ちたら、「受験だけであなたの人生が決まるわけじゃないからね、もう一校頑張ってみよう」とか「レベルを落としてみよう」とか、「ここらでやめよう」とか、いろんな精神的なフォローをしてあげなきゃいけないわけですよね。投資の世界だとフォローするべきなのか怒るべきなのか、どこかでタオルを投げるべきなのかっていう判断は……。

村上　それは親が関与しちゃいけないんじゃないでしょうか。どの銘柄がどういいかっていうのも、聞いてこない限り絶対言っちゃいけないと思う。

西原　それは聞かれても答えられないですけど、やっぱり自分で考えて自分で判断させなきゃいけないんでしょうね。ちなみに、お子さんたちに正直に生きなさいとか、嘘をついてはいけませんとか、そういう道徳観はどういうふうに教えてます？

村上　僕が子供たちの教育に一番役に立ったと思うのは裁判所ですよ。２００６年に証券取締法違反で捕まったときに、子供たちに裁判を見せたんです。一番下の子はまだ赤ちゃんだったので来なかったですけど、小学生の子供は学校の制服着て来ました。

西原　素晴らしい。まさに前科を張った教育ですね。裁判見て、お子さんたち何か言ってました？

村上　ショックだったって。一番ショックだったのは裁判官がずっと寝てたこと。でも結構そんなもんらしいですね。裁判官も証取法なんてやったことないし、わからないらしい。それが一番の教育でしたよね。

西原　私も17歳のときに自分の通ってた学校を訴えたんですけど、そのときに教わったのは「裁判は正しいほうが勝つんじゃなく、より根性の悪いほうが勝つ」ということ。本気で嘘をついた人間のほうが勝つということを教わりまして、すごいいい勉強になりました。

ばあちゃんの年金がトランプのせいで下がって
ぎゃーす ぎゃーす
だから借りただけですぐ返す
まさかうちの親子ゲンカの原因がトランプとか
家庭と世界が直結
もういいオレがバイトしてばあちゃんに返す
フーん
あーそー
さらに自立
がんばってー

【その3】日本の将来に投資できるか

先進国はどこも人口減ってますよね。――西原

逆に増えてる国もあるんですよ。――村上

西原 トランプさんが再選されても落ちても2年後には株は上がるというお話でしたけど、じゃあ10年後にはどうなってます?

村上 もっとよくなってると思います。ただ、人が少なくなるんで、トータルとしての国力は落ちてると思います。去年(2018年)生まれた人、何人か知ってます?

西原 出生率は1・4とか、そのぐらいですよね。

村上 団塊世代は260万人。僕らの世代で160万~170万人。それが2017

年は94万人。去年は推定値で92万人です。１００万人を切ったのが２０１６年で、毎年３万人ぐらいずつ減っているんです。怖くないですか？

西原　お年寄りも亡くなっていくから、日本はどんどん人口が減ってるわけですよね。

■出生率１・８のオーストラリアの人口が増えた理由は？

村上　昨年の死亡数から出生数を引いた自然減は44万８０００人で、初めて40万人を超えました。お年寄りの寿命は延びていますけど、やっぱり限りはありますから。もっと大胆な予想を言うと、２２００年には日本人は半分以下になります。

西原　２２００年って、えらい先の話ですね（笑）。でも、先進国はどこも人口減ってますよね。

村上　逆に増えてる国もあるんですよ。たとえばオーストラリア。僕らが中学・高校で習ったオーストラリアの人口って、どれぐらいだったか覚えてます？

西原　いやー全然。ヒツジのほうが多いんでしたっけ？　それはニュージーランドか。

村上　当時、1400万人ぐらいでした。それが今、2500万人ぐらい。じゃあオーストラリアの出生率がどれぐらいかというと、1・8とかです。

西原　そんなに多くないですね。

村上　先進国のなかでは多いほうですけど、この数字だったら人口は増えませんよね。お父さん、お母さんの2人から1・8人しか産まれないわけだから。なのに、どうしてそんなに増えたかというと、移民です。最近オーストラリアに行かれましたか？

西原　数年前に行きました。

村上　白人じゃない人、いっぱいいたでしょ？

西原　いっぱいいましたね。

村上　オーストラリアは移民受け入れ政策で人口を増やした。また、新しくその国に移り住んだ人は子供産むんですよ。やっぱり何かしなきゃっていうエネルギーがあるから。

西原　日本でもコンビニとかで働いてる外国人の方、増えましたよね。

村上　そうですね。日本の場合は技能実習生の問題とかいろいろありますけど、僕はこの国の人たちが心を開くことが必要だと思っています。日本人だけでできない仕事は、いろんな国の人に来てもらってやってもらう。もちろん一緒にやることもある。それでいいような気がしています。

西原　コンビニの外国人ってものすごい優秀じゃないですか？　日本語ペラペラで、あの複雑な作業をニコニコと。

■日本の中だけで考えてちゃいけない時代

村上　実は僕自身も出自で言うと中国の血を半分持ってるんです。僕の父親は当時日本が統治していた台湾で日本人として生まれ、来日しました。ところが、戦争が終わったら「お前は日本人じゃないから台湾に帰れ」と。そんなのムチャクチャですよね。でも、いろんな人が入ってきて、いろいろ混ざり合うのはいいことじゃないかと僕は思います。世界的に見ても、ミクスチャーで優秀な人って多いじゃないですか。

西原　テニスの大坂なおみさんとか、野球だったらダルビッシュさんとか。

村上　ええ、日本の中だけで考えてちゃいけない時代ですよ。さっきのトランプの話もそうだけど、日本の企業だって世界で稼いでいるわけですよ、マーケットとして。たとえばトヨタがどこで車売ってるかというと、世界で売ってるわけですよ。国内販売が160万台ぐらいなのに海外生産と輸出を合わせると760万台にもなる。だから、日本の人口が減っても日本企業の将来は暗くない。日本株への投資は悪くないと僕が言うのはそこです。

西原　ていうか、村上さんはなんで日本の出生数とかオーストラリアの人口とか覚えてるんですか？

村上　数字だけは覚えちゃうんです。数字だったら何でも聞いてください。

西原　林家ペーが有名人の誕生日覚えてるようなもの？（笑）

村上　まあ、一種の病気かもしれませんね。

西原　お子さんもやっぱり数字に強いですか？

村上　強いですね、訓練されてるから。IRR（内部収益率）といって、投資したものがどれだけのリターンを生むかというパーセンテージの数字で、すべての物事を見るように鍛えていますから。あとは自分にとって面白いか面白くないかの変数を掛けて決めればいいいと。

西原　それは台形の面積の公式か何かですか？（笑）

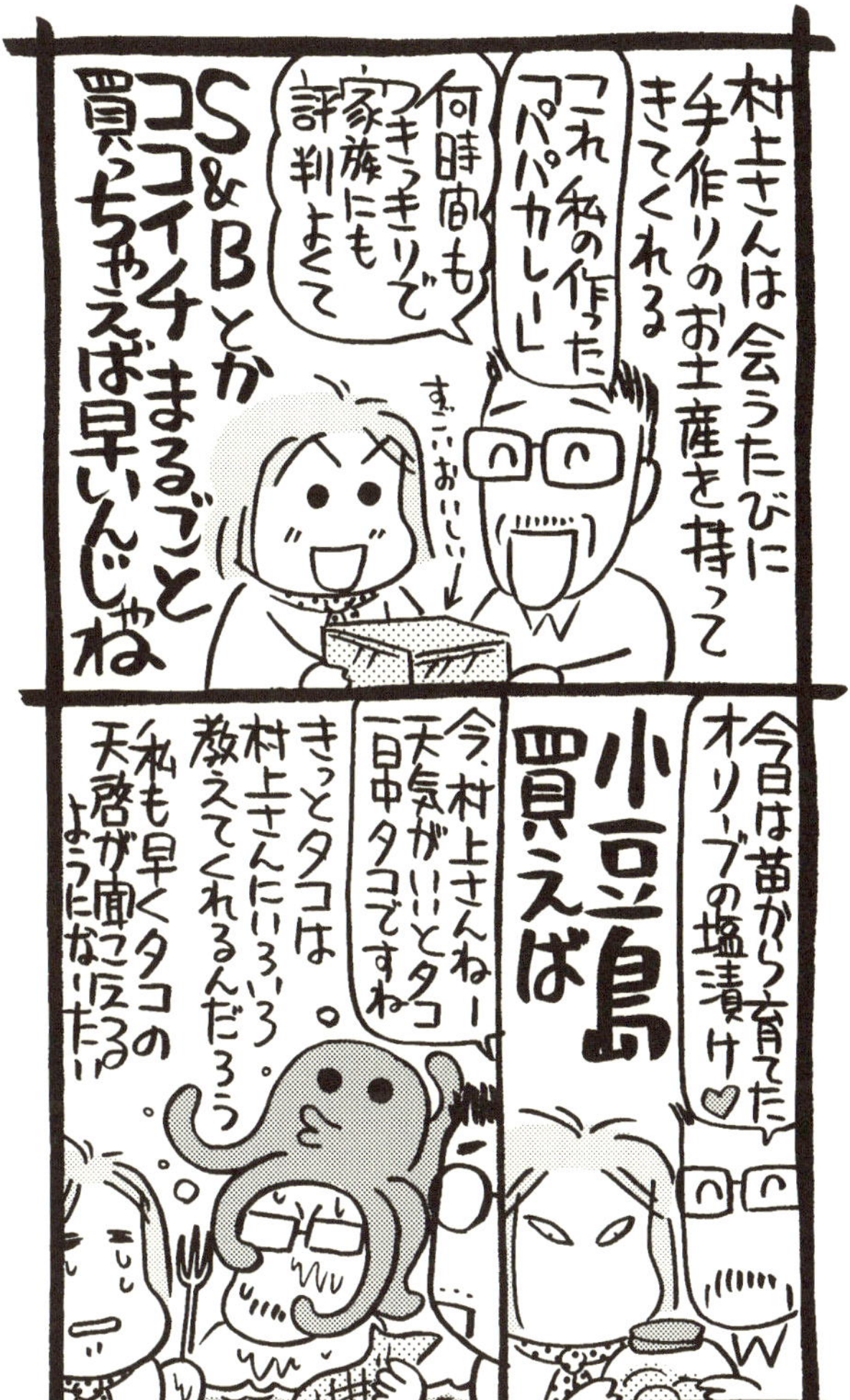
村上さんは会うたびに手作りのお土産を持ってきてくれる
「これ私の作ったパパカレー」
何時間もつきっきりで家族にも評判よくて
すごいおいしい
S&Bとかココイチまるごと買っちゃえば早いんじゃね
今日は苗から育てたオリーブの塩漬け♡
小豆島買えば
今、村上さんねー天気がいいとタコ一日中タコですね
きっとタコは村上さんにいろいろ教えてくれるんだろう。
私も早くタコの天啓が聞こえるようになりたい

【その4】日本の企業を〝あるべき姿〟に

文藝春秋がもし上場してたら、「即座にこの土地を売りなさい」と言います。

——村上

あのだだっ広い応接室、もったいないですよね。

——西原

村上　今の日本の株式市場というのは、いわばビューティーコンテストなわけですよ。「この人は美人だ」ってみんなが思うと高くなる。でも僕は、原石探しが好きです。みんなは見向きもしないけど、磨けば光る宝が隠れてるというのが好きで。つまり、この企業はどういう財産を持ってて、どういうふうに将来があるのか、を考える。

西原　『マイ・フェア・レディ』のヒギンズ教授ですね。

村上　たとえばこの本を出してる文藝春秋がもし上場してたら、株主になって「即座にこの土地を売りなさい」と言います。だって、こんな都心の一等地でね、毎年の利益よりも土地代の1％のほうが大きいんじゃないですか。

西原　あのだだっ広い応接室、もったいないですよね。あそこにココイチとか丸亀製麺とか入れたら、直木賞よりいい商売になりますよ。

村上　もったいないですよね。それは非上場だから許されるわけ。だけども上場企業の場合、自分の持ってるアセット（資産）をどこまで有効に使って利益を出すかが問われるわけです。その指標をＲＯＥ（自己資本利益率）といいますが、株主が出資したお金を使ってどれだけの利益を出したかという比率です。それを世の中に開示して、8％以下だと失格だよというルールを国がつくった。それが前にも少しお話ししたコーポレートガバナンス・コードです。これは世界共通で「上場してるなら最低これぐらいやりなさい」というルールができあがってるわけですよ。できない会社は退場するか、買収されるか。買収されるとどうなると思います?

西原 もっと素晴らしい経営者が入ってきて、合理的な会社になるかもしれない。

村上 そう。でも、バーンとつぶすかもしれない。つぶして株主にお金を配分して、次の新しいものに投資するという方法もある。いずれにしても有効活用しますよね。ひとつはいい経営者が入ってきて会社の価値が上がる、もうひとつはダメな事業から撤退してお金を返す。そうやってお金が社会にグルグル回るようにしようというふうになってきているわけです。

■資産を有効活用していない会社をどうにかしたい

西原 村上さんがどこかの会社を買って、そこがたとえば内部留保を10億円貯め込んでたとしますよね。そしたら、その10億円はどうなるんですか?

村上 まず、企業価値向上につながる事業投資ができないのか聞きます。これは、人材への投資も含めて。何もないと言うなら、配当や自己株取得で株主へ還元するように求める。だって、51％の株を持ってたら自由になりますから。株主に返還すると、次の投資につながるから。

西原 そういう「この会社は内部留保貯め込んでるぞ」というのは、どうやって調べるんですか？

村上 公開データで全部出てます。そういう情報はきちっと開示されてるんだけど、それを見ない人が結構いるんですよ。僕からすると宝の山です。

西原 内部留保を抜いたあとの使えない抜け殻の会社はどうするんですか？

村上 それは自分で考えろと。いや、僕も引き続き株主ですから一緒に考えるけど、意味のない使ってないお金を抜くだけで、使ってるお金を抜こうとしてるわけじゃないから。そういう資産を有効活用してない会社を見ると、どうにかしたくなるんです。それで自分が買った会社に偉そうにされると、腹が立つわけです（笑）。

西原 そこで「もの言う株主」がメラメラと発動するわけですね。

村上 内部留保の話をしてると本当に焼畑農業やってるように思われるかもしれないけど、日本の企業を〝あるべき姿〟にしなきゃいけないと。そういう、ある意味での使命感を持ってやってるだけなんです。

西原　フジテレビとか阪神のときも？

村上　そのとおりです。あのときは結局うまくいきませんでしたが、僕が今買ってる株というのは、自分が付加価値を提供できる会社。つまり、僕が株主になって「もっとちゃんとしなさいよ、貯め込んでるお金を回しなさいよ」と言ったときに、「いやあ、村上さんに言われたらしょうがない、回します」と思ってくれるところ。逆に、たとえばアメリカのアマゾンの株を買っても、僕の話なんか聞いてくれませんよ。だから買いません。

西原　だけど、こうして村上さんが自分の手の内を明かして、投資についてみんなに教えると、村上さんの儲けが薄くなるのでは……？

村上　それでいいんです。コーポレートガバナンス・コードができた。企業がムダなお金を持ってちゃいけないとわかって配当や投資に回す。日本の企業全体の価値が上がって日経225も上がる。そうするとまたみんなが投資する。そしたらもう僕の出る幕ないじゃないですか。幸せに死ねるじゃないですか。

西原　なるほど、素晴らしい。「おいしいビジネスモデルは広げれば広げるほど早くダメになる」というのは高須先生が言ってたことなんですけど、あえてそれを狙ってるわけですね。

村上　そう、それをやりたくて役所（通商産業省・現経済産業省）を辞めたんです。

文藝春秋社
この都心の
超一等地に
でっかい
応接室
いくつもの
会議室
遊んでる
公会堂
もったいない
あまりにもったいない
前は売れ残った
本の倉庫
だったんですよ
直木賞は
そんな
バカが
出しとったんかい
ほら〜ワシの
出る幕
アリやろー

【その5】金は天下の回りもの

これからどんどん自分のお金を減らしていこうと思っています。——村上

高須先生も同じこと言ってますね。——西原

西原　村上さんはもう自分は儲けなくてもいいってことですね。

村上　全然、大丈夫。だってもう僕、断捨離じゃないけど、これからどんどん自分のお金を減らしていこうと思ってますから。

西原　高須先生も同じこと言ってますね。「どんどん減らさなきゃ、僕のお金」って。

村上　そうですね。僕のお金を僕が増やして僕がもらうんじゃなくて、誰かに寄付し

たりすることによって、そのお金が新しい価値を生み出してくようなメカニズムがあるのなら、いくらでも貢献したい。社会の何かのシステムが変わるとか、子供たちの教育に使うとかいうことで、将来、社会の中で循環するお金が増えるようなメカニズムであれば、どんどん寄付しようと思っています。でも、村上の名を冠したような建物を建てるようなことは絶対やりたくない。

西原 そこは高須先生はちょっと違ってて、でっかい銅像とか建ててほしいみたい(笑)。

村上 僕の儲けはなくなるかもしれないけど、みんなが参加して、みんなが儲けて、社会がよくなっていけば、素晴らしいじゃないですか。お金が回りだせば絶対よくなりますよ、この国は。

西原 ただ、やっぱり田舎のほうだと本当に人がいなくなって、若い人にも希望がなくて元気がない。やる気のある人はどんどん都会に出ていってしまう。いったいどうすればいいんだろう、と。

村上 でも、お金が回れば景気がよくなるし、景気がよくなるといろんな仕事が生まれるはずです。

西原 たとえばベーシックインカム（収入や資産の有無にかかわらず無条件ですべての個人に対して最低限の所得を給付する施策）ってどう思いますか？

村上 僕は反対です。やる気なくすんじゃないかと思って。財源の問題もあるし。

西原 生活保護をやめてベーシックインカムにするって感じですよね。

村上 ええ、形を変えた生活保護じゃないですか。

西原 そう、もっと広く生活保護を行き渡らせるっていう。今の生活保護って、申請してももらえなかったり、もらうのは恥だみたいな感じもあるじゃないですか。だから「みんなでもらえば怖くない」ってことにしちゃえばどうかなと。

村上 僕はそれは国のリスクになると思います。フィンランドで試験運用やってましたが、２年間でいったん終了しました。２０２０年までに発表される調査結果がどうなるかですね。

西原 やっぱり株でも何でもできる人はできるけど、できない人はできない。その人たちをどうにかしないと、もっとお金が回らなくなる。そこでベーシックインカムっていう発想になるって思ったんですけど。

村上　できないっていうか、やらないんです。たとえばアメリカの家計の金融資産の4割以上は株と投資信託です。日本は預貯金が5割を占めていて、株と投資信託は15%ぐらいしかない。企業と一緒で個人も貯め込んじゃってるんですね。それは日本人の投資に対する成功体験の少なさもひとつの原因だと思います。そこで僕が言ってる「お金を回そう」ということが本当にうまく回り始めれば、株価は上がるし、ひとつの成功体験にできるのかなと思っています。

西原　「金は天下の回りもの」ですね。村上さんの投資の仕方とは全然違うと思うんですけど、株やってる人でデイトレーダーっているじゃないですか。あれは村上さんから見てどう思われますか?

村上　すべての投資家が自由に投資をしてることが重要で、デイトレーダーがいるから全体のボリュームも大きくなるわけですよね。だから全然構わないと思うし、それを学ぶ子供もいていいと思います。ただ、僕が何のために投資教育をやってるかというと、みんなに本質をわかってもらうためで、デイトレーダーを育てるためにやっててるわけではありません。もちろん、そういう人たちもリスクを取ってやってるわけですから、それはそれでいいとは思いますけども。

■トレードはＡＩの仕事になる?

西原 デイトレーダーって、近い将来、ＡＩがやるようになっちゃうんじゃないですか?

村上 そうなると思います。実際、アメリカの証券会社のゴールドマン・サックスは500人いたトレーダーを3人に減らして、代わりにエンジニアを大勢雇ったそうです。

西原 だから、もしＡＩデイトレーダー屋さんができたら、そこに投資すればいいだけの話になっちゃう。

村上 もう8割がＡＩトレードです。たとえば「今日この銘柄の出来高の10%、平均値で買ってくれ」と頼むと、そのまま買ってきてくれる。あとはそれをいかに効率的にやるかという問題で、自分でパソコンに向かって発注してる人はせいぜい2割ぐらいじゃないかな。

西原　そうすると、みんなそれなりに儲かるってことですか？

村上　儲かるときはみんな儲かる、損するときはみんな損する。設定したルールに従って売買してくれるだけで、「儲かるようにしてくれ」というわけじゃないので。

西原　なるほど。たとえば、前におっしゃってた2割の法則で「2割上がったら売り」とか、「この株がいくらになったら買い」とか、そういう設定にしとけば全部勝手にやってくれる？

村上　それはできます。できますけど、それが一番儲かるかどうかはわかりません。2割上がってもっと上がるかもしれないし、買った株が急落するかもしれない。そのへんはやっぱり個人の判断次第です。いつでもどんな銘柄でも勝てるなんてことはない。

西原　まだチェスとか将棋のＡＩよりかは弱いんですね。

村上　というか、チェスや将棋は駒の動き方や勝敗のルールが決まってますけど、株はそうじゃないんで。特に僕がやってるようなことは、ＡＩが参入できない分野だと思います。僕は目先の株価の動きじゃなく企業の根本的な部分を見て投資をしてるので。

西原　なるほど。

■円だけを持つのはやめたほうがいい

村上　さっき日本はアメリカに比べて資産に占める株や投資信託の比率が低いという話をしましたけど、海外資産の比率もすごく低いんです。

西原　あ、そうですね。ドル建てで持ってる人とか少ないですよね。

村上　どこの通貨を持つかというのは結構大事で、僕は円だけを持つのはやめたほうがいいと思う。場合によっては海外の不動産を持つとか、日本という国だけに揺らされないような資産をお持ちになったほうがいい。

西原　ウチのアシスタントの愛ちゃんはドル建てで海外に口座持ってるんですけど、

たまに動かさないと凍結されちゃうらしくて、ときどき動かしに行ってますね。彼女は英語で交渉もできるからいいですけど、普通の人はなかなか……。

村上　海外に口座持つのが難しければ、手数料取られますけど、日本の銀行にも外貨預金はあります。あと、たとえば金《きん》は日本の通貨に揺らされないから、ある意味、日本以外の資産ですよ。それこそビットコインもそうですね。昔は「資産は株、土地、金の3つに分けておけ」と言われましたが、今は海外のものを持つことを僕はおすすめしたいですね。

西原　海外の通貨だと、どこがおすすめですか？　やっぱり先進国のがいいんですか？

村上　世界の通貨流通量の割合を大まかに言うと、ドルが45%ぐらい、ユーロが15%、円が10%、あとはポンド、スイスフラン……みたいな感じなんですね。そうすると世界共通通貨は、やっぱりドルってことになりますよね、今のところは。

西原　うっかりジンバブエドルとか買っちゃったらえらいことになりますね（笑）。

村上　あれはもう廃止になりました。

西原　アマゾンで、使えなくなった100兆ジンバブエドル紙幣とか売ってるんですよ。何千円だか、結構な値段ついてるんです。

村上　それはたぶん元の貨幣価値より高いですね（笑）。値段は需要と供給で決まるという、いい見本かもしれません。

西原　ていうか、私が買ったビットコインもジンバブエドル並みに値下がりしてるんですけど。買ったときのほぼ半分になってます。

村上　昨年（2018年）12月の下落は、カナダ最大の取引所で支払いが遅れているっていうニュースが出て騒ぎになったのが原因じゃないかな。もうひとつは2014年に破綻したマウントゴックスという当時世界最大の取引所の管財人によるビットコインの大量売却の噂。

西原　噂で下がってんじゃねえよ!!

村上　こういう事件を見ていて思うのは、今はまだ仮想通貨を取り巻く環境によって、価格が大きく左右される状態だということ。結局、仮想通貨って、企業の資産や業績みたいに価格の根拠となるものがないから、クジラって呼ばれる大物投資家のちょっとした動きやみんなの心理状態によって価格が簡単に上下してしまう。

西原　私のなかではすでにビットコインは港を出て帰らない船。なんかもう岸壁の母な気分の私です（笑）。

村上　これだけ下がってるのに何言ってるんだと思われるかもしれないけど、仮想通貨に対する期待値は、僕の中では今でも結構高いんです。価格が下がっても仮想通貨の役割が変わったわけではないし、各国での法的な整備が進んでビットコインをもっと実社会で使える環境が整ってくれば、新しい通貨として定着していって、今後価値がまた上がっていく可能性は十分あると思う。だから、このまま持っててみてください。

西原　はーい。損切りできない人間なので、ゼロになるまで見つめています。

西原家の株式収支（株単価×購入数の推移）

サイバラの収支
（日経２２５投信340株）

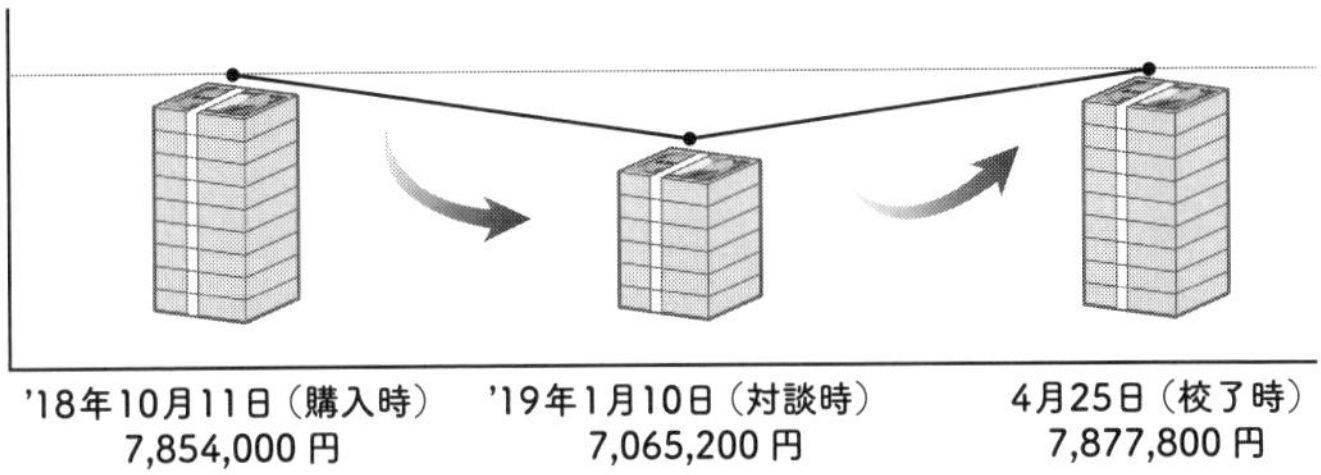

サイバラ息子の収支
（力の源ＨＤ100株＋スクウェア・エニックスＨＤ100株）

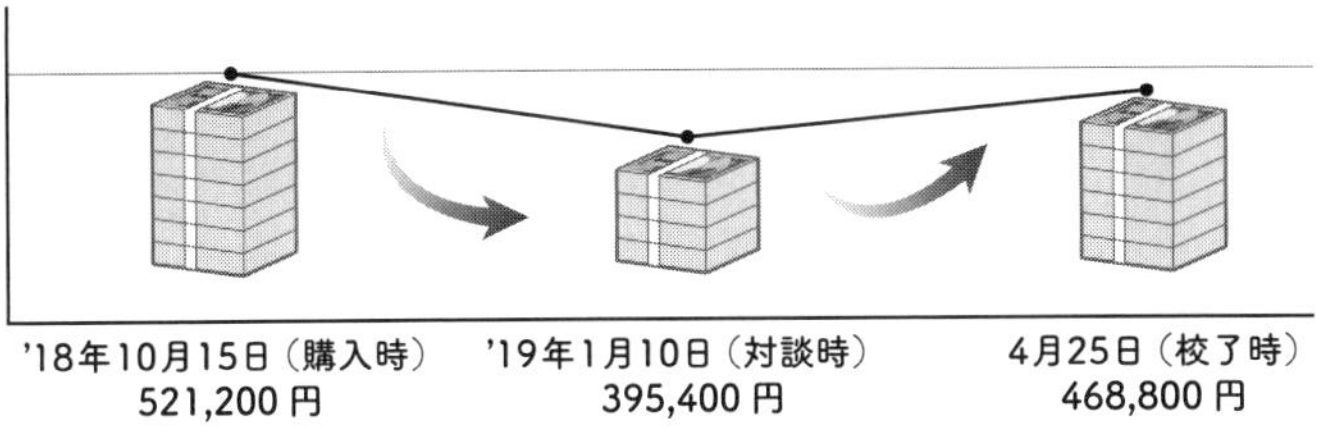

村上さんと対談中
じゃあ株と一緒にビットコインも一千万円買っときなさい
と言った
はーい
と即答しながら
びーん
それだけは大損すると私の中のケモノアンテナがばんばん作動しーー
聞き間違えたことにして100万円にした
ビット100万円て言ってたじゃないですかー
あーそうだっけ
その後、ビット虫の息
私村上世彰を裏切ってグッジョブ

第4章　お金と仲良くするために

［2018年10月～2019年1月の対談より抜粋・構成］

人生は何度も転ぶからお金は必ず隠す
そっから投資

【その1】給料が安いのは誰のせい？

全部が全部安いんです。誰がいけないの？ユニクロがいけないの？——西原

でも、これは世界的な傾向なんじゃないかな。——村上

西原　村上さんが「お金は稼いで貯めて回して増やす」とおっしゃるのはわかりますけど、私の友達とか同級生には、9時〜5時以上に働いて、手取りが10万円台なんて人がざらにいるんですよ。そういう人たちの安い賃金はどうすれば上がりますか？

村上　それは何のお仕事されてる方なんですか？

西原　保母さんもいるし普通のお勤めの方もいるし。飲食店なんか特にきついですね。朝早くから仕込みして夜遅くまで店の片付けしてって生活で年収500万円いかない。夫婦で働いてどっちもヘトヘトですから、それは夫婦ゲンカにもなるし子供もグレる。コンビニのバイトなんかも恐ろしいほどいろんなこと覚えなきゃいけないのに、時給1000円ぐらい。ちょっと田舎に行くともっと安い。で、みんな給料が安いから安いものを買うでしょ。苦労して出荷した卵が1個10円とか、おかしいと思うんですよ。生協に行っても魚と野菜の値段が安すぎて、漁師や農家の人の事を思うと悲しくなる。「どこそこの天然水」みたいなのより牛乳のほうが安いとか、おかしいでしょう。

村上　僕は世界のいろんなところに行きますけど、確かに先進国で今、昼ごはんをここまで安く食べられる国はないですね。牛乳にしても昔は高いなと思ってたけど、30年前とあんまり値段が変わってません。生産者のことを考えたら大変ですよね。

西原　全部が全部安いんです。誰がいけないの？　ユニクロがいけないの？　何でも極端に安くする傾向を止めていただきたいんですけど。

村上　でも、これは世界的な傾向なんじゃないかな。労働を集約化して大量生産して、いいものを安く売るってことになっちゃってる。農業も集約化されて、全体的に安くなっている気がします。さらに貿易を自由化すると、よその国からもっと安いものが入ってくるから、一次産業は厳しいですよね。

西原　実家が漁港の町なんですけど、今は市場が魚を安くしか買ってくれなくて、船のガソリン代が割に合わないから漁に出られないって。「昔はいい魚が獲れたら高値で買《こ》うてくれたけど」っておじいちゃんおばあちゃんが言ってて、息子や孫に漁業を継がせられない。どんどん町がやせ細っていくんです。

村上　高知のどこでしたっけ？

西原　浦戸《うらど》という小さな港町です。やっぱり日本の漁業と農業はすごい大事にしたいんで、正当な価格に戻すにはどうすればいいのかなって思うんですけど。

村上　なるほど。僕なんかはいつも「適正な市場価格に」って言ってる側だけど、地域経済はマーケットの需給バランスだけで考えちゃいけない問題かもしれませんね。

西原　いまだにわからないのが、ものを作った人は儲からないのに、右から左に動かした人が儲かるのはなんで？　と。電通とか広告代理店は、「おまえ何も作ってないのに、でっかいビル建てやがって！」っていつも思う。

村上　ものを動かすというか、流通という意味では今、たとえばいい魚が獲れたらすぐにダイレクトにお寿司屋さんに送るようなビジネスが出てきてる。そういうシステムが広がると、生産者にちゃんとお金が入るようになると思います。あとはやっぱりブランド化ですかね。

■外国人観光客は5年で3倍に

西原　ブランド化といえば、ウチの田舎はあまりにも過疎で農協まで撤退というか、みんなヤンキーあがりで農協の言うこと聞かなくて「農薬なんかめんどくさくて撒《ま》けるか」って撒かなかった。そしたら無農薬米とか無農薬野菜ということで売れるようになった。そういう面白い現象もあるんですよ。

村上　田舎でも場所によっては、海外からの観光客が多くなってますよね。香川県なんかはすごく増えてるらしい。同じ四国でも高知には観光客来ないんですかね？

西原　あんまり来ませんね。やっぱり交通の便が悪すぎるんで。観光地といっても、日本三大がっかり名所のはりまや橋ぐらいしかないし（笑）。

村上　でも四万十川《しまんと》があるじゃないですか。あのせせらぎでアユとかウナギが食べられるのは、いいと思うけどなあ。

西原　いや、ウナギもいなくなり始めましたね。

村上　ニホンカワウソを何とかして復活させれば……。

西原　私が中国からカワウソ盗んできて放すよ、２００匹ぐらい。トキも（笑）。

村上　いずれにしてもインバウンド（訪日旅行）の経済効果は大きいですよ。２０１８年の訪日外国人は３０００万人を突破しましたからね。5年で約3倍になっています。１人10万円としたら３０００万人で3兆円。これはムチャクチャ大きいですよ。

西原　京都とかは逆に増えすぎて大変みたいですね。そのお客さんをどうやって田舎に引っ張ってくるかですね。

村上　やっぱり自然の風景は重要だと思います。僕なんかときどきそういうところに行くと、すごく落ち着きますもん。

西原　そこにあるものをどうアピールするか。ゆるキャラばっかりじゃ、どうにもならないし。

村上　でも、くまモンなんかは相当成功してるんじゃないですか。

西原　くまモンがすばらしいんで私もパチって「りえくま」っていうキャラやってたけど、さっぱり。

村上　そういえば西原さんの絵を描いた電車を高知で走らせてましたよね（『できるかなロワイヤル』〈扶桑社刊〉収録「サイバラ電車できるかな」の企画）。

西原　はい。でも、撮り鉄も来てくれなくてサッパリでした（笑）。

村上　やっぱり「りえくま」がいいのかな……。

■人手不足で給料は上がる？

西原　今の日本は戦後最長の好景気ってことらしいですけど、普通の人の給料は上がってないし、全然そんな感じがしないんですけど。

村上　しないですか？　僕はよくなってる気がしますよ。

西原　中小企業の社長さんが言うには「景気の波は一番遅れてきて、不景気の波は真っ先に来ます」って。下町の工場は不景気になったら真っ先に足切りされるし、真っ先に賃金が悪くなる。でも好景気は一番最後に来る。景気がよいと感じられないのは、それだと思うんですよね。成長率などの数字では好景気でも、末端にお金が行き届くのが、すごく遅いんだと思います。

村上　なるほど。

西原　サラリーマンのお昼ごはんも500円以内とかね。また、その低価格のしわ寄せが、そのお店で働いてる人とか農家にも行ってるんじゃないかと思います。

村上　牛丼とか確かに安いですよね。もっと高くていいんじゃないかと思いますけど、価格競争になってるんでしょうかね。

西原　ジーパンが一本1000円しないなんて、おかしな話なんで。あんなの自分で縫ったら、1年かかりますよ（笑）。だから、もうちょっと下請けの人たちにお金が回るようにならないのかなと。

村上　いや、僕は逆に見ていて、絶対回ると思うんです。だって今、人件費が暴騰《ぼうとう》してますもん、人手不足で。だから、人からのインフレが始まると思います。実際のところ、以前は時給800円から900円だったものが、少なくとも東京は1000円超えてますよね。手取りで20%ぐらい上がってるんですよ。これ、すごくないですか？

西原　素晴らしいと思います。でも、さっきも言いましたけど、あれだけ大変なコンビニのバイトで時給1000円だと割に合わない気もします。あと、アルバイトの時給は上がっていても、やっぱり普通の会社の給料はあんまり上がってないような……。

村上　今までは普通の会社の中間管理職みたいな人たちが、あまり働かずに給料もらえた世の中だったんですよ。要するに、書類にハンコ押すだけ、みたいな。でも、AIの世界になると、そういう人たちはいらなくなってくる。

西原　ムダな上司が多すぎると。あと、村上さんが言ってた内部留保で貯め込んでる会社が、従業員に利益を還元していないでいる。

村上　あると思います。もっと給料上げていいと思います。というか、上がり始めるんじゃないかな。みんな人手不足で困ってるから。

自分のお金を使う時
心がけていること
一番安い品を買わない
ていねいに作ってくれてるなあって思う
ちょっと高い品を買う
うまー

【その2】稼いだお金を何に使うか?

西原さんもずいぶん稼いでいるでしょう。そのお金、どうしてるんですか?

——村上

隠してる(笑)。

——西原

村上　僕はもう自分のお金を増やそうと思わないけど、西原さんもずいぶん稼いでいるでしょう。そのお金、どうしてるんですか?

西原　隠してる(笑)。

村上　お金をどんどん使うという選択肢はないんですか?

西原　唯一お金を使いたかったのが、家だったんです。ブランドものとかあんまり興味なかったけど、どうしても家だけは欲しかった。

村上　この前伺ったけど、ものすごく広くてデザインも素敵な家ですよね。

西原　上京してからずっと、狭い、隣の人のおならが聞こえるようなアパートで暮らしていて。隣の部屋から子供がバンバン怒鳴られてる声が聞こえてきたり、やっぱり家が狭いと荒《すさ》むんですよ。私自身も貧しい家で親にものすごく怒られて育ったので、子供を叱りたくない、その一心でした。今の家だと、子供がどんなに騒いでも怒らずに済むんで。

村上　ご自宅とアトリエで60坪ずつぐらいですか？

西原　80坪と70坪です。

村上　すごいじゃないですか。3億円ぐらいしますよ。

西原　幸い、子供たちは今の家が好きだと言ってくれてますが、相続はできないですね。普通の勤め人だったら、税金や維持費だけで年収が飛んでいっちゃう可能性があるので、私が仕事をやめたり病気になったりしたら、すぐに売らなきゃいけない。そういうこともあるから、お金は稼げるうちに稼いで一生懸命隠してるんです。

村上　さっきから隠してる隠してるって、そんなこと大っぴらに言っちゃって大丈夫ですか？

西原　税務署と大ゲンカしたことを、もう全部マンガに描いちゃったんで。「払わない」って言って1年ぐらいケンカしてました。

村上　でも、払わされたんでしょ。

西原　1割で済んだ。1億5000万が1500万になったかな。向こうも1年やったらあきらめるんですよ。私みたいな小口より次の案件に行かなきゃいけないので。最後に「このくらいでいかがですか？」って言うんで「まいどー!!」みたいな。

村上　1500万で手を打ったと。

西原　ていうか、それで言ったら村上さんのほうがえらいことになったじゃないですか。私は補導歴はあるけど逮捕歴はまだないから。

村上　そうですね。2006年に捕まったときは、それこそ家も売らなきゃいけないだろうというので、いろんな人から「いつ売りに出すんだ？」と聞かれました。奥さんにも「本当はいくら持ってるの？　教えてよ」って（笑）。

西原　ド派手な追徴金食らったんですよね。

村上　罰金3００万円と追徴金11億4９００万円。一審では懲役2年の実刑判決だったのが、二審で執行猶予3年がつきましたけど。

西原　人生最大のピンチってやっぱりそのときですか？

村上　うーん、どうかな……。これはピンチとは違うかもしれないけど、前に話した通り、「ファンドをやるなら、覚悟を見せるために自分でも金を出せ」と言われて、僕自身で20億借りたことがあるんです。そのとき生命保険にも入らされたんですが、たまたま、保険の書類が友人宅に届いちゃった。「こんなに借金してるんですか」と驚かれたことがありましたね（笑）。

西原　どんだけですか⁉

■子供に残すのはお金ではなく脳みその貯金

村上　ちなみに、西原さんの家はまだローン払ってるんですか？

西原　はい。税理士さんに「ローン払い終わっちゃダメです」って言われてて。そのほうがいろいろ都合がいいらしい。

村上　どのぐらい残ってるんですか？

西原　８０００万か９０００万くらい。あと二十何年とか払う計算になってます。子供たちが維持できるかどうかは別にして、とりあえず借金付きで相続させないと、相続税でドッサリ取られちゃうということを言われました。

村上　なるほどね。僕が最近やってる「お金の授業」では、子供に住宅ローンがどのくらいあって、月々いくら払っているか、教えましょうと言ってます。その家がどのくらいの価値があるものなのか知ることで、お金に強くなる。

西原　でも、周りでお金を持ってる方のほとんどは、子供にはあまり残さないとおっしゃってますね。

村上　僕もそうです。まったく残す気ないです。その代わり、チャレンジするためにはいくらでもお金使っていいから、と。

西原　私も高須先生に「１億円って持ったことある？　重いよ。あんなもん持って逃げ回れないから。だから子供の脳みそに貯金しなさい。そしたら税務署も来ないし一番いいんだよ」って言われて。そうだなと思って息子の脳みそに投資してるんですけど、どうもこの脳みそは期待値が低い（笑）。

村上　だけど、子供への投資は、社会貢献でもあると思います。

西原　そうですね。でも、子供にお金残しちゃいけないって言われて、じゃあ使い切らなきゃと思っても、老後の入院費のため、とかパッとしない使い道しかなくて。

村上　使うことないから、そこで投資なんですよ。

西原　ああ、なるほど（笑）。

■お金持ちは年金をもらってはいけない

村上　僕は官僚だったので公務員の年金もらえるんですよ。でも、手続きしませんでした。僕がもらっちゃいけないと思って。

西原　高須先生も放棄してるって言ってた。社会にこれから自分のお金を還元するときなのに、そんなものもらえませんって。

村上　これだけ年金・医療費が財政負担になってるんだから、ある程度以上お金を持っている人は、みんなで放棄する運動をしてもいいんじゃないかと思いますね。もらったってどうせ貯金になるだけでしょ。

西原　今の若い人は、年金もらえないかもしれないって心配してますよね。

村上　もらえることはもらえます。ただ、支給開始年齢が上がります。3年に1歳ぐらいのペースで上がると思ったほうがいい。今は65歳からで、減額されてもよければ60歳からもらうことができますが、今30歳の人が60歳になる頃には、75歳支給開始とかになってるでしょうね。

西原　ああ、ドロボーのように逃げていく（笑）。

村上　でも、その分、寿命も延びますから。平均寿命まで生きたとして、最後の20年間ぐらいもらえればいいのかなと。というか、現実的にそうする以外に方法がない。だって今、国の予算が100兆円で、そこから国債などを引いた普通に使えるお金は60兆ぐらいですよ。そのうち年金・医療などの社会保障費が34兆円。これは無理があるでしょう。

西原　家計で考えたら完全にアウトですね。

村上　だから皆さん、年金、年金と言うけど結構大変なことになってるんだよ、自分の人生を最後まで楽しく生きるためには、年金を当てにするのではなく自分でちゃんと稼ごうよ、それには投資もひとつの方法だよ、と僕は言いたいんです。それが、僕のこの国に対する最後のご奉公かなと思ってるわけ。

西原　それは大いに賛成します。

おしょうゆや、お塩、
最高級でなくてもちょっとだけ
いいもの買う——
いつもと
味がちがうよ
ちゃんとおいしい
日本の作ってる側の人が
ものすごい正直なのを
感じる
安全も
同じだと
思う
激安
ツアーとか
やめてね
ていねいに
仕事してる
人に
とどいて
ほしいなって
お金を
使う

【その3】いい借金、悪い借金

「旦那に殴られて逃げてきた」という電話の後ろで子供が泣いてたら、お金貸すじゃないですか。

――西原

戻って来ないのはわかってるけど、そこまで言うならしゃあないなと?

――村上

西原　村上さんの本には「借金は何があっても返さなければいけないお金」と書いてありますよね。でも私が知ってる10人のうち10人は、借金を返しません。

村上　じゃあ、西原さんが「貸して」と頼まれたらどうするんですか？

西原　だから、貸したきりになるんです。田舎の同級生が、「今、旦那に殴られて裸足で逃げてきたんやけど」って言ってる後ろで子供がギャーッて泣いてたら、それはお金を貸すじゃないですか。それで「ありがとう。必ず返すから」と言って、音信不通になるんです。

村上　戻って来ないのはわかってるけど、そこまで言うなら、これぐらいはしゃあないなと？

西原　そうですね。カツアゲされる人と一緒で、「お金貸して」って言われる人には、やっぱりそういうオーラがあるんですよ（笑）。

村上　今までどれぐらいの人に貸してるんですか？

西原　細かいの入れたらたぶん100人ぐらいになります。金額で言ったら2000万円とか3000万円ぐらいだと思います。

村上　すごいなあ。そんな人、初めて見ましたよ（笑）。事業のための資金なら貸すことはありますけど。

西原　高須先生のところには、私なんかよりもっといっぱい「お金貸して」って人が来るんです。彼がよく言ってるのは「どうしても断れない人に頼まれたのなら、100万円貸してくれと言われたら10万円あげなさい」という〝10分の1理論〟。それだったら友達の縁も切れないし、貸したんじゃなくてあげたんだから惜しくない、と。借りる人もあと9人に頼む努力くらいはしろと。だから、村上さんが「必ず返さなければいけない」って言うのが不思議で。村上さんは、踏み倒されたことないんですか？

村上　3～4回ですかね。僕はお金を貸すときには、返せなかったら、自己破産するぐらいの気持ちでやってくれ、逃げるなと、いつも言っています。

西原　自己破産するとどうなるんでしたっけ？　選挙権がなくなるとか？

村上　選挙権は大丈夫です。クレジットカードは一切使えなくなる。

西原　選挙権がなくなるぐらいで済むならラッキーだと思ったけど……(笑)。でも、どうせやるなら300万円とかじゃなくて3億円でチャラにしたくないですか？　人生の大事なリセットボタンなんですから。

村上　そうですよね。数百万円じゃもったいない。ただ、日本の場合、自己破産してから立ち直るのは結構大変だと思います。自己破産しても税金だけはチャラにならない。一生付いてきます。僕の友人でもそれで苦しんでる人がいます。

西原　毎月1万円だけ払うふりするとか、そういうわけにはいかないんですか？

村上　ふりするっていうか現実に払ってます。でも、滞納してる税金が何十億ともなると、それを払うだけで精一杯で、新しいチャレンジはできないじゃないですか。

西原　それはきついですね。村上さんは〝生命保険付きの20億の借金〟もきっちり返したんですよね。

村上　返しました。だから生きてここにいるんですよ（笑）。

■企業の無借金は必ずしもいいとは限らない

西原　村上さんはやっぱり借金はしないほうがいいと思います？

村上　個人でも企業でも無理な借金はしないほうがいいと思います。個人だったら当然自分の返済能力を考えなきゃいけないし、企業なら借金しながらどこまで事業ができるか、どれぐらいの資産があって、どこまでの体力があるかを考えなきゃいけない。借金ってある意味でレバレッジですよ。それをどこまでかけられるかを、きちんと計算してください、ということです。

西原 年収の何割までとかっていうのはありますか？

村上 ありますね。世の中のルールでは、住宅ローンは年収のだいたい5倍までとされていて、まあそんなもんじゃないですか。ただ、それは不動産の場合だけ。パチンコで借りちゃダメですよ。遊びにお金を使ってもいいとは思うけど、遊びのために借金しちゃいけない。

西原 企業の運転資金だと、どうなんですか？

村上 少なくとも自己資本程度は、借りていいと思います。ただし、どういう事業にどれだけ使うのか、それによって何％の利益が出るのか、を常に考えなきゃいけない。逆に無借金ならいいかというと、必ずしもそうじゃない。借りずにずっとそのままでいるということは、企業として成長してないってことじゃないですか。今お金があるからチャレンジするのはやめよう、このままでいよう、というのが、僕は一番嫌なんです。そうすると経済がシュリンクしていきますから。極端に言うと、内部留保を全株主、社員に返しちゃって、その社員が投資したほうが、本当はいいのかもしれない。

西原 個人と会社だと、借金についても考え方が別と。

村上 だって個人のキャッシュフローなんて、病気になったらおしまいじゃないですか。会社は永続することを前提につくってるわけで、そこはやっぱり別物です。住宅ローンは保険があって、死んだら払わなくていい。それはいいと思うんです。でも、それ以外は、あんまり借金しないほうがいいんじゃないですかね。特に生活とか遊びの借金は、まず返せない。

西原 そうですね。それ返せるぐらいだったら、最初から借りてない。

村上 あと、西原さんにお金借りて返さなかった人たちは、西原さんとの関係が切れちゃうわけじゃないですか。それでいいのかというのも、本当は考えなきゃいけないですよね。大変なときで冷静に考えることができないのかもしれないけど、僕なんかはもったいないって思っちゃう。

西原　だいたいみんな半分ぐらい返すといなくなります。途中で面倒くさくなるというか、「このぐらい返したからいいんじゃない」みたいな感じだと思いますが、電話かけても「あ、今忙しい」ってガチャ切りされたりとか。すごい仲良かったのになあ、こんなことで嫌いになられちゃうんだって、貸した自分がシクシクみたいな。

村上　もうひとつ借金の話で言うと、教育ローンも返済に苦しんでる人が大勢います。日本学生支援機構も「奨学金」と名は付いていますが、返済義務のあるローンが大半です。将来のために勉強するのは大事だけど、その返済のために将来が台無しになったら、本末転倒ですよね。

西原　それは私も本当に大きな問題だと思います。完全給付型か、貸与型でも利子が付かないものか、見分けてから借りないと。利子が付くものは、名前も奨学金じゃなくて、学生サラ金とちゃんと表記しないと。

村上　就職してお金を貯めてから、大学や専門学校に入り直すのもひとつの選択肢だと思いますね。

10年くらい前、子供の同級生親に200万貸した
家族ぐるみで何年もおつきあい親切にしてもらった
あちゃーまたかー
実はー
その奥さんに話したら
私は知りません
私は関係ないです
叫ぶばかり
最後帰るとき
パパ死んじゃえばいいのに
と、つぶやいた
それからその家は定期的に夜逃げ
お父さんとお母さんがお金に負けた家
うちもそうだったんだよでもどうにかなったよってあの家の子に伝えたい

【その4】寄付という名の投資

東日本大震災のときはヤフーのマッチング寄付で10億円集まりました。——村上

私ならそのまま持ち逃げします。——西原

西原 村上さんは寄付活動も積極的にやってますよね。たとえば、どういう活動をしていますか?

村上 僕が一番お金を入れているのは災害関連です。昨年でいえば、広島の豪雨とか北海道の地震とか。それも、ただ自分一人で寄付するだけではなく、マッチング寄付というのを結構やってます。

西原　マッチング寄付というのは？

村上　誰かが寄付してくれたのと同じ金額を僕も寄付します、というもの。

西原　そういえば、ヤフーで見ました。

村上　東日本大震災のときにマッチング寄付をやったのは、ジャストギビング（当時、現在はジャパンギビング）という僕がイギリスから日本へ持ってきたオンライン寄付サイトです。あのときは寄付にかかるコストも全部僕が負担して、トータルで10億円集まりました。ネットで集めた寄付としては当時最大だったらしい。

西原　私ならそのまま持ち逃げします。

村上　高須先生もずいぶんいろいろやってますよね。あっちこっちへの寄付はもちろん、熊本地震のときには、ヘリコプターで救援物資を届けたりとか。

西原　東日本大震災のときは、大型バスに医薬品とか美容クリームとかいっぱい積んで、医療スタッフを連れて被災地に行ってましたね。

村上　すごいですね。

西原　村上さんもそうでしょうけど、もうお金に全然執着がないんで、一生かけて全部ばらまくって。それで、とにかく慈善事業。でも、ダメな子にあげる気はなくて頑張っている子にあげる。たとえば、チベットからインドの医大に行く子の学費を全額払うとか。1人医者を作ると数年後に100人以上の医療従事者を誕生させられるので、その国の財産になるって。あの人は医者なので、医療関係にはたくさん寄付するんです。

村上　それはまさに将来への投資ですね。

西原　私もNGOの方と一緒に途上国に行きますが、学校に行けず字も覚えられずに、水汲みだけでお嫁に行かされる女の子がいっぱいいるんですよ。それで国連が学校給食プログラム（世界食糧計画）をやっていて、給食を食べに学校に来てくださいと。そしたら1食ちゃんと食べられて、しかも字を1個でも覚えられる。1カ月くらい通うと、皆勤賞で油とお砂糖がもらえるから、家族も行かせる。

それで女の子が字を覚えて、新聞の切れ端でも読んで、隣の村には何があるかを知ることができれば、可能性が少し広がるんじゃないか。その子がお母さんになったとき、その子供は同じ運命じゃなくて、よりよい方向に進めるんじゃないかって思います。その活動は私もずっと応援しています。

村上　高須先生や西原さんがそういう活動をすると、「高須克弥氏がどこそこに何百万円寄付しました」ってニュースになるでしょ。そのこと自体に価値があると思います。

西原　まあ、高須先生がニュースになるときって、だいたい炎上してますけど（笑）。

■「寄付させてくれてありがとう」

村上　寄付って一回やり始めるとハマるんですよ。自己満足かもしれないけど、誰かの役に立てたという気持ち、自分に対して「よくやったね」っていう気持ちがクセになる。

西原　悪い自分が浄化されるような気がします。

村上　寄付すると「ありがとうございます」と言われますけど、お礼を言うのはこっちです。だって、病気や貧困で困っている人を助けたり、被災地で働いてる人の活動に間接的に参加できたわけだから。「寄付させてくれてありがとう」なんですよ。

西原　私はそこまではまだ遠いかも……。

村上　ただ自分のお金を出すだけじゃなくて、みんなが寄付をしたくなる「きっかけ」と「仕組み」をつくりたいと思って、2007年にチャリティ・プラットフォームというNPO法人をつくりました。そのあと、先述のジャストギビングというクラウドファンディングの仕組みを立ち上げました。投資も寄付も「何かの目的を達成するためにお金を託す」という意味では同じだと思います。リターンがお金か、「誰かの役に立てた」という気持ちか、という違いだけで。

西原　寄付とか慈善事業を「売名だ」「偽善だ」って言う人がいるけど、お金にキレイも汚いもない。汚いなら、よりやったほうがいいって思う。

村上　もちろん、投資も寄付もみんなが必ずやらなきゃいけないってことじゃない。まずは自分の生活を整えて、もしものときのためにある程度の貯金をして、それで少し余裕ができたら、社会のためにお金を回すことを考えてみてもいいんじゃないかな。

西原　いつかそのお金は、自分の子供たちのところに帰ってくるから。

子供が
お金と
仲良く
つきあえる
ように

まさか大人になって村上ファンドと本を出すなんて
学生時代もうちょっと勉強しとけば
つっこめません

本書は語り下ろしです（一部を月刊「文藝春秋」２０１８年12月号に掲載）

村上世彰（むらかみ・よしあき）

1959年大阪府生まれ。83年から通産省などにおいて16年強、国家公務員として勤める。99年から2006年までファンドを運営。現在シンガポール在住の投資家。自身が小学生のころから株式投資をしていた経験をもとに、小さなころから「お金」と向き合うことの大切さを伝えるために、全国の小・中学校、高校などで「お金の授業」を行うなど、子どもたちへの金融教育に力を入れている。著書に『生涯投資家』（小社刊）、『いま君に伝えたいお金の話』（幻冬舎）など。

西原理恵子（さいばら・りえこ）

1964年高知県生まれ。武蔵野美術大学視覚伝達デザイン学科卒。88年「ちくろ幼稚園」でデビュー。97年「ぼくんち」で文藝春秋漫画賞を受賞。2004年「毎日かあさん（カニ母編）」で文化庁メディア芸術祭マンガ部門優秀賞、05年「毎日かあさん」「上京ものがたり」で手塚治虫文化賞短編賞、11年「毎日かあさん」で日本漫画家協会賞参議院議長賞を受賞。著書に『生きる悪知恵』『家族の悪知恵』（ともに文春新書）、『洗えば使える　泥名言』（文春文庫）、『ダーリンは73歳』（小学館）など。

生涯投資家《しょうがいとうしか》vs生涯漫画家《しょうがいまんがか》

世界《せかい》で一番《いちばん》カンタンな投資《とうし》とお金《かね》の話《はなし》

二〇一九年六月十五日　第一刷発行

著　者　村上世彰《むらかみよしあき》
　　　　西原理恵子《さいばらりえこ》

発行者　大川繁樹

発行所　株式会社 文藝春秋

〒一〇二-八〇〇八
東京都千代田区紀尾井町三-二三
電話　〇三-三二六五-一二一一

印刷所　理想社

付物印刷所　萩原印刷

製本所　大口製本

組　版　東畠史子

ISBN978-4-16-391032-1

洗えば使える 泥名言

西原理恵子

きれいごとじゃない。だから効く。

「前科とお金とどっちが大事？」

「ウチはピンハネじゃない、全ハネだから」…サイバラの人格を作った金言集。

文春文庫
ISBN978-4-16-791284-0